인생편의점

인생이 편안하지 않다면,
인생 편의점을 찾아주세요!

제이플러스

생활 코너

진열대 1 9	자기계발 영양제

진열대 2 63	연애와 결혼 젤리

진열대 3 115	가정 잡화

진열대 4 169	사회생활 조미료

직장 코너

상점을 운영하듯 인생을 영위하자.

23살에 첫 작품 〈형창소어(螢窗小語)〉를 집필한 후로부터 어느덧 50년의 세월이 흘렀다. 대학을 졸업한 해에 〈형창소어〉 제1권을 완성했고 그 후 30살까지 매년 한 권씩 출간하여 제7권까지 썼다. 〈형창소어〉가 많은 사랑을 받은 덕택에 계속 글을 쓸 수 있었고 이렇게 전문 작가가 되었다.

지난 50여 년간 100편이 넘는 산문, 소설, 시, 극본을 썼다. 지금까지 다양한 문체를 시도해 보았는데 개인적으로는 짧은 단편이 가장 좋았다. 소모하는 시간이 많지 않고 언제 어디서든 창작할 수 있을 뿐 아니라 바쁜 와중에도 영감이 떠오르면 손이 닿는 대로 작은 메모지 하나만 집어 들면 그만이기 때문이다. 집으로 돌아와 정리를 하다 보면 놀라울 때도 있었다. 순간 떠오른 영감을 포착해 써 내려간 글귀가 꽤 괜찮아서 더 다듬고 정리할 필요도 없었기 때문이다. 간결하고 단순하면서도 사람의 마음을 울리기에 충분했다.

〈인생 편의점〉은 지난 몇 년 동안 영감이 떠오를 때마다 써두었던 '영감 메모'를 한데 모아 만든 책이다. 중국 당나라 시대의 시인 두보(杜甫)는 '만년(晚年)에 들어서니 시가 점차 섬세함의 경지에 이르렀다(晚节渐于诗律细(만절점우시율세))'며 자신의 시에 만족감을 드러냈다. 늦은 나이에 써 내려가는 글은 당연히 젊은 시절의 그것과 다르다. 그야말로 '세상을 읽는 환한 눈'이 생겨 조금 더 신랄하고 대범하게, 거기에 약간의 반어적인 유머까지 구사할 수 있게 된다.

약 천 편에 가까운 나의 토막글 중 세심하게 고르고 분류해 〈인생 편의점〉이라는 제목까지 제안해준 제리 출판사에 감사를 표한다.

참 절묘한 제목이 아닐 수 없다. 인생은 상점을 운영하는 것과 같다. 상점을 운영할 때는 폐업이 아니라 다시는 문을 열지 못할까 봐 두려워해야 한다. 또 물건만 신선하다면 상점이 아무리 오래되었다고 해도 겁낼 필요가 없다.

부디 50년 전통을 자랑하는 상점이 또 한 번 선보이는 신상품이 마음에 들길 바란다.

생활코너

1. 자기계발 영양제

2. 연애와 결혼 젤리

3. 가정 잡화

4. 사회생활 조미료

자기계발
영양제

진열대

1

염원

인생은 상점을 운영하는 것과 같다.

아이가 어렸을 때 함께 거리를 거닐다 인테리어 공사가 한창인 상점을 보면 이렇게 말해주곤 했다.

"저 사람들을 보렴. 분명 사업이 번창하는 꿈을 가득 품고 있을 거야."

한편 폐업한 상점이 있으면 이렇게 말했다.

"저길 봐! 저 상점 주인들은 자신이 폐업할 줄은 꿈에도 몰랐겠지."

그리고 한마디 덧붙였다.

"꿈과 이상에는 큰 차이가 있단다. 실패하더라도 낙담하지 말고 숨을 고른 다음 다시 도전하는 것이 중요해. 계속 꿈꾸고, 꿈을 이루기 위한 행동을 멈추지 않아야 한단다."

인생은 상점을 운영하는 것과 같다. 상점을 운영할 때는 폐업이 아니라 다시는 문을 열지 못할까 봐 두려워해야 한다.

이상적인 삶

이상적인 삶이란 언제나 이상을 품은 삶이다.

이상적인 삶이란 어떤 것일까? 바로 이상을 품은 삶이다. 우리는 환상이 아닌 이상을 품고 살아가야 한다. 어떤 삶을 살고 싶은지, 내가 바라는 삶과 미래를 꿈꾸고 그 이상을 향해 앞으로 나아가야 한다. 어린 시절을 돌이켜보자. 꿈을 꾸지 않았던 때가 있었던가. 교장 선생님이 되고 싶었다가, 조금 자란 후에는 시장이 되고 싶다고 생각했을지도 모른다. 시간이 흐른 후에는 비행기 조종사가 되고 싶었다가 나중엔 학자가 되는 꿈을 꿀 수도 있다. 이제는 하루가 다르게 빠르게 변하는 사회에서 자신의 꿈을 실현 가능한 이상으로 조절하는 법을 터득해야 한다. 이상적인 삶이란 언제나 이상을 품고 있는 삶이라고 생각한다.

우울한 감정을 완화하는 법

주변 환경을 바꿔 보거나 자기 암시를 해 보는 것은
어떨까?

　최근에 안타깝게도 아내와 사별한 친구가 있다. 그 친구는 장례식을 마친 후 아내의 옷을 정리하여 자선 단체에 기부하고 집 안의 가구도 전부 바꿨다. 그 이유를 물어보니 물건을 보면 아내가 생각날까 봐 그랬다는 거다. 가족이 세상을 떠나면 집 안을 전혀 다르게 바꾸거나 심지어 이사를 하는 사람들이 있다. 이렇듯 우울한 감정에 사로잡혔을 때는 이를 조절할 수 있는 두 가지 방법이 있다. 하나는 주변 환경을 바꿔 보는 것이다. 예를 들어 지금 있는 곳에서 도저히 이겨낼 수 없는 좌절과 마주했다면 박차고 나가서 책을 읽어보자. 일 때문에 스트레스를 받는다면 다시 공부를 하거나 다른 일을 찾아볼 수도 있다. 또 다른 방법은 자기 암시다. '나의 오늘은 다르다, 오늘의 나는 새로운 나이며, 오늘의 태양은 어제의 태양과 다르다'라고 말해보면 어떨까. 달라진 주변 환경과 새로운 다짐은 좌절과 우울감에 대처하는 좋은 방법이 될 것이다.

넝쿨

누구나 보이지 않는 넝쿨을 짊어지고 있다.

차를 타고 고가도로를 달리다 아래쪽에 즐비하게 늘어선 가로수를 바라보면 나무 위편에 엉켜있는 넝쿨이 눈에 들어온다. 그 나무들은 대부분 자연사나 병사가 아닌 넝쿨에 휘감겨 죽는다. 그런 나무들을 보면 드는 생각이 있다.

'사람도 저 나무들과 같지 않을까? 자신의 삶에 만족하지 못하거나 스스로 짧은 생을 마감하는 사람들은 혹시 자신에게 얽혀 있는 너무 많은 것들이 생존에 필요한 햇살을 완전히 가려버린 것은 아닐까? 아침에 일어나면 한밤중에 보이지 않는 넝쿨이 또 몰래 한가득 자라지 않았는지 살펴보자.'

누구나 아무리 잘라내도 계속 자라나고, 정리해도 금세 엉켜버리는 넝쿨을 가지고 있다. 하지만 괜찮다. 매일 아침 머리 위로 넝쿨을 한번 묶어보자. 아무리 많은 고민이 나를 휘감아도 햇살이 어느 한 곳은 비춰 줄 것이다.

꿈을 심다.

꿈을 실현하는 것이 어려운가? 그럼 더 많은 꿈을
가져보자.

아내가 강연에서 들었다며 어떤 이야기를 들려주었다. 하버드 경영대학원에 다니는 학생들은 모두 가슴에 꿈을 한가득 품고 졸업하지만 100명 중 겨우 두 명 정도만 꿈을 이룬다는 내용이었다.

아내는 이에 대해 어떻게 생각하는지 내게 물었다.

"그러면 꿈을 더 많이 가지면 되잖아. 하루가 다르게 변하는 요즘 세상에서 가슴에 하나의 꿈만 품고 있을 필요는 없어. 출발이 조금 늦어서 꿈을 이루기엔 환경이 많이 변했을지도 모르고 심지어 그 업계가 도태되었을 수도 있잖아. 그럴 땐 출발점으로 돌아가서 다시 공부하고, 다시 꿈꾸고, 다시 나아가야 해!"

인생의 구덩이에 빠졌을 때

나도 나를 구해야 한다.

　구덩이에 빠졌을 때 누군가 밧줄을 던져준다면, 아무리 힘이 없어도 젖 먹던 힘까지 다해 그 밧줄을 붙잡고 올라가야 한다. 살다 보면 누구든지 어려움을 만나고 구덩이에 빠질 수 있다. 이럴 때 단순히 도움을 청하는 것뿐만 아니라 자신을 위해 어떤 노력을 해야 할까? 지금 인생의 깊은 구덩이에 빠져 있다면 숨을 고르고 침착하게 생각해보자.

　'밧줄은 어디에 있을까? 내게 도움을 줄 손길은 어디에 있을까? 구덩이 입구까지 얼마나 멀까? 다시 떨어지지 않으려면 꼭 붙잡아야 하겠지?'

　인생의 구덩이에서 벗어나고 싶다면 자신을 구하기 위해 스스로 노력해야 한다는 사실을 빨리 깨달아야 한다.

자기 이해

나의 미래는 남이 정해주는 것이 아니다.

미국의 대학원으로 진학하길 원하는 학생이 있었다. 그는 처음에 지원했던 몇몇 대학원에서는 퇴짜를 맞았지만 나중에 지원한 곳에서는 모두 합격 통보를 받았다. 그 학생은 처음 지원했던 곳에 다시 지원한다면 지금은 모두 합격할 수 있을 것 같다고 말했다.

그래서 내가 물었다.

"그사이 새로 거둔 성과가 있나요?"

학생이 대답했다.

"아니요, 다만 지원서에 자기소개 글을 쓰면 쓸수록 저 자신을 분석할 수 있었고, 저 자신에 대해 더 잘 알게 되었어요. 저를 이해할수록 진로에 대해 확신이 생겼고, 제가 왜 그 연구를 하고 싶은지 근거를 잘 쓸 수 있었던 것 같습니다."

책임

가족의 걱정을 줄이고 각자 맡은 바 자신의 책임을
다하는 모습이 진정 성숙한 모습이다.

누구나 걱정이 있기 마련이다. 사랑하는 자녀에 대해서는 더욱 그렇다. 자녀가 성장하는 과정에서 부모와 갈등하고 서로에게 걱정거리가 되는 일이 적지 않다. 그런데 걱정은 문제 해결에 아무런 도움이 되지 않는다. 가족이라면 서로에게 걱정을 끼치지 않도록 해야 한다. 당사자는 문제가 없는데, 오히려 걱정하는 사람이 상처를 받거나 오해가 생겨 실수를 범하기도 한다. 외출할 때는 목적지를 알리고, 늦을 경우 미리 연락을 하거나 안부를 전해야 한다. 가족의 걱정을 줄이고 각자 맡은 바 자신의 책임을 다하는 모습이 진정 성숙한 모습이다.

어른

어른의 세상에 '쉬운 것'은 없다.

누군가 내게 이런 말을 했다.

"어른에게는 잠깐이라도 풀어질 시간이 필요합니다. 그렇지 않으면 오랜 시간 쌓인 스트레스를 어떻게 견딜 수 있을까요? 그래서 많은 사람이 퇴근 후 시동이 꺼진 차에 앉아 잠시 쉬었다가 집으로 가는 겁니다."

그의 말이 참으로 가슴 아팠다. 그리고 친구가 해 준 이야기가 떠올랐다. 그 친구는 가끔 퇴근하고 차에서 바로 내리지 않는다고 했다. 자신의 감정을 정돈하고 사무실에서 받은 스트레스를 집으로 가져가지 않기 위해서였다. 때로는 차 안에서 몇 분동안 울다가 눈물을 닦고 얼굴을 매만진 후 미소를 지으며 집으로 들어간 적도 있다고 했다.

다른 친구도 비슷한 경험담을 들려주었다. 차의 시동을 끄고 조용한 차 안에서 몇 분 동안 앉아 있는데, 집 현관을 열고 들어가는 그 순간을 위해서라고 했다. 아내와 자주 다투는 그 친구는 '전쟁터'를 떠나 또 다른 '전쟁터'로 들어가야 했다. 들어가기 전에 잠깐이나마 휴식이 필요했던 것이다.

미루는 습관

미루는 습관의 근본적인 원인은 나약함이다.

해야 할 일을 한 번이라도 미뤄보지 않은 사람은 거의 없을 것이다. 하지만 미루는 것이 일상이 된다면 곤란하다. 할 일을 미루는 이유는 다양하다. 게을러서일 수도 있고 천성적으로 행동이 느리거나 몸이 허약해서일 수도 있다. 하지만 가장 근본적인 원인은 나약함이다. 문제를 마주하여 생각하거나 부딪칠 용기가 없기 때문이다.

하지만 영원히 피할 수 있는 문제는 없다. 결국 마지막 순간에 결정권을 다른 사람에게 떠넘기거나 성급한 결정을 내려야 한다. 미리미리 준비하지 못하면 90점의 실력을 갖추었어도 60점밖에 얻지 못한다. 이런 악순환이 계속되면서 더 자신감을 잃고 나약해지는 것이다.

할 일을 미루는 나쁜 습관을 치료하기 위해서는 바로 움직이고 실천하도록 자신을 채찍질해야 한다. 지금 하지 않는다면 평생 미루다 끝날 거라는 사실을 자신에게 알려주어야 한다.

공부에 관한 네 가지 성찰

무엇을 읽었는가? 무엇을 깨달았는가?

무엇을 보완해야 하는가? 어떻게 발휘해야 하는가?

사람들이 보는 교재는 비슷한데 다른 사람은 하지 못하는 것을 내가 할 줄 안다면 더 많은 시간을 들여 더 많은 것을 섭렵했기 때문이다.

교재는 잘 차려진 식사와 같아서 내용이 잘 정리되어 있고 개념이 명확하다. 하지만 책의 내용만 그대로 믿는다면 책을 읽지 않는 것만 못하다는 사실을 알아야 한다. 정해진 생각의 틀에 갇힐 수도 있기 때문이다.

인터넷 서핑은 간식과 같다. 널리 섭렵하면서 '배부르게 먹고 마실 수 있다'. 하지만 학문적으로 치밀하지 못하고 음식물이 위장을 빠르게 통과하는 것 같아 금세 또 허기를 느낀다.

이따금 차분히 생각해보자. '무엇을 읽었는가? 무엇을 깨달았는가? 무엇을 보완해야 할까? 어떻게 발휘해야 할까?' 이런 생각을 자주 한다면 온종일 책을 읽기만 하는 것보다 더욱 기발하고 창의적인 아이디어로 변화무쌍한 미래에 적응할 수 있을 것이다.

성숙

자신의 능력과 한계를 아는 것.

공자는 '서른 살에 자립을 하고, 마흔 살이 되면 유혹에 흔들리지 않으며, 쉰 살에 하늘의 뜻을 알게 되고, 예순에는 귀가 순해진다(三十而立, 四十而不惑, 五十而知天命, 六十而耳順(삼십이립, 사십이불혹, 오십이지천명, 육십이이순))'고 했다. 나이대마다 인생의 호칭이 다르듯 인생에 대한 깨달음도 바뀌어간다. 어느 나이가 되면 자신이 할 수 있는 일도 있지만 할 수 없는 일도 있음을 알게 되고, 또 어느 나이에 이르면 인생이란 상황에 순응하며 사는 것임을 경험으로 알게 된다. 한 때는 이치를 논하는 타인에게 반대 의견만 내세웠다면 지금의 나는 더 넓어진 마음과 다양성을 인정하는 태도로 받아들일 수 있다.

성숙한 사람은 사소한 문제라도 할 수 있는 일과 할 수 없는 일을 분간하고 스스로나 다른 사람에게 강요하지 않는다.

이해

이해하지 못한다고 비난받아야 할까?

하루는 딸과 함께 영화를 보는데 알아듣지 못한 영어 대사가 나왔다. 딸에게 무슨 뜻인지 물어보니 어깨를 으쓱하며 모른다고 대답했다. 그래서 딸에게 말했다.

"넌 미국에서 자랐으면서 왜 몰라?"

"평소 다른 사람의 말 한마디 한마디를 다 알아들어요? 태어나자마자 모든 사람의 말을 이해할 수 있는 건 아니잖아요. 계속 듣다보면 다 이해하게 되어 있어요."

나중에 딸의 말을 곱씹어 보니 너무 당연한 이야기였다. 단지 몇 번 이해하지 못했다고 해서 상대방을 비난하거나 배격하면 안 된다. 누구든 계속 부딪치고, 경험하고, 마주하다 보면 서로 이해하고 소통할 수 있게 될 것이다.

재능

내가 배운 재능이 보람 없이 사라지지 않도록.

어렸을 때 악기나 그림을 배운 경험이 있다면 묻고 싶다. 피아노 뚜껑을 연 지, 붓을 정리한 지 얼마나 되었는가?

우리는 그 시절 시간과 노력을 투자했다. 헛되이 사라져버리는 노력은 없다. 설령 당시 부모님의 허영 때문에 배웠다고 해도 지금은 그 시절의 추억과 경험, 재능이 '내 것'이 되었다. 나의 삶의 일부로 남아있고, 원한다면 배움을 이어갈 수도 있다.

어린 시절 원하는 것을 배울 형편과 환경이 되지 못했더라도 불평하지 말자. 지금 시작할 수 있다. 이제부터라도 어린 시절의 꿈을 이루면 된다.

노력의 이유

한 번뿐인 인생이니까 열심히 살 밖에

내게 이런 질문을 한 사람이 있다.

"사람은 결국 죽을 텐데 왜 굳이 세상에 와서 노력하며 살아야 할까요?"

한번 태어난 사람은 언젠가 죽음을 맞이한다. 단 한 번 뿐인 인생이기에 열심히 살아야 하지 않을까?

나는 다음과 같은 태도로 인생을 대한다.

첫째, 나 자신을 넘어서야 한다. 사람들은 게으름을 피우며 늦장을 부리고 공부를 싫어하며 조금이라도 더 자길 바란다. 이런 천성적인 약점을 극복해야 한다.

둘째, 나만의 스타일을 만들어야 한다. 우리 모두 각자의 개성이 있다. 목소리가 좋지 않아도 표현력은 우수할 수 있다. 출중한 외모는 아니더라도 독창적인 미적 감각으로 자신만의 스타일을 만들 수 있다. 우리는 모두 세상에 하나뿐인 창조주의 걸작품이다.

셋째, 나는 세상에 꼭 필요한 존재임을 알아야 한다. 나는 쓸모가 있기 때문에 이 세상에 태어났다. 누구보다 나 자신이 나의 존재 가치를 인정해야 한다.

역경

역경 속에서도 목표를 향해 나아가도록 힘써야 한
다.

아들의 하버드 대학 동창 중 특별한 배경을 가진 친구들이 있다. 부모가 자녀를 데리고 여기저기 빚쟁이를 피해 도망치거나, 청소년 시절 반항기를 지내다가 가족의 품으로 돌아왔거나, 오지나 빈민가 출신인 경우가 그렇다. 그들은 입학 성적이 조금 부족해도 하버드에 합격했다. 아마 역경 속에서도 목표를 위해 꿋꿋하게 달려왔고, 학교에 새로운 피를 불어넣어 주고 사회에 새로운 자극이 될 수 있기 때문일 테다.

비록 가족은 글을 모르지만 자신은 책을 즐겨 읽고, 하루가 멀다고 거처를 옮기면서도 공부를 열심히 했다면 그냥 지나칠 수 있을까? 그런 사람일수록 더욱 육성해야 한다. 그의 '남다름'으로 주류 문화를 풍부하게 만들어야 한다.

명문 학교에 입학한 가난한 아이가 빈민가 전체를 바꿀 수도 있다. 먼 곳에서 날아온 뜻밖의 영감이 세상을 바꾼다.

서른다섯이라는 나이

서른다섯, 인생의 내리막길까지는 아직 멀었다.

평균 수명이 45세이던 시절에 35세는 중요한 분기점이었다. 하지만 오늘날에는 80세, 90세까지 사는 사람도 많고 100세 어르신 이야기도 심심치 않게 들린다. 과연 현대에도 35세가 인생의 분기점이라고 말할 수 있을까?

35세가 되었다고 해서 고비에 이르렀다고 생각하지 말자. 아니, 35세는 인생의 또 다른 터닝 포인트다. 35세의 우리는 더욱 성숙해졌고, 35세의 우리는 더 깊이 있는 결정을 내릴 수 있다. 35세의 우리는 가정에서의 책임이 더 커졌고, 젊은 시절과는 다르게 행동해야 한다. 35세는 인생의 또 다른 단계의 시작이지 내리막길의 시작이 아니다.

클라우드 두뇌

과학기술이 아무리 발전해도 독서와 판단력을
포기해서는 안 된다.

재미있는 이야기를 들었다. 우리의 뇌는 창의성은 점점 발달하지만 기억력은 감퇴해 언젠가 클라우드*에 의존해 기억한다는 것이었다. 말도 안 된다고 생각하겠지만 현재 얼마나 많은 사람들이 오늘이 며칠인지를 물어보면 생각도 하지 않고 바로 휴대전화를 들여다보는지 떠올려보라.

이렇게 믿기지 않는 일들이 어느새 우리의 일상이 되고 있을지도 모른다. 이런 상황을 조금이라도 극복하려면 독서를 통해 생각하는 힘과 판단력을 길러야 한다고 생각한다. 과학기술이 아무리 발전하더라도 독서와 판단력을 포기하지 않아야 한다.

* 인터넷상에 마련한 개인용 서버에 각종 문서, 사진, 음악 따위의 파일 및 정보를 저장하여 두는 시스템

휴가

꼭 멀리 떠나야 할까?

연휴를 맞아 많은 사람들이 해외여행을 계획하고 있다. 어딘가 멀리 가야할 것만 같은 분위기에 이끌려 해외나 먼 곳으로 계획을 잡는다.

휴가는 꼭 멀리 떠나야 할까? 집 근처에서 휴가를 보낼 수 없을까?

거리에 나갈 때마다 근처에 흥미로운 상점이 문을 열었다는 것을 알 수 있다. 그곳을 둘러보는 것도 소소한 재미이다. 공원을 거닐며 어린 시절의 추억을 떠올리기도 하고, 동네를 돌아다니다 보면 내 주변에 이렇게 멋진 곳이 있었나 하고 새로운 발견에 설레기도 한다.

해외에서 휴가를 즐기기 위해 정신없이 짐을 싸고, 급히 회사 일을 처리하고 불안과 피로에 휩싸여 비행기에 오르는 친구들을 종종 봤다. 휴가가 끝나고 집에 돌아오면 여독이 쌓여 온몸이 쑤시거나 물갈이로 탈이 나기도 한다. 게다가 오랜 휴가로 인해 쌓인 업무 처리도 남아있다.

과연 그들은 기분 전환을 하고, 여유를 되찾고, 피로가 풀렸을까?

산책

소년은 자유롭고,

중년은 대범하고,

노년은 섬세하다.

매일 오후 골목을 산책하다 보면 꼭 단풍놀이에 온 듯하다. 형형색색의 다채로움이 가을 산에 한가득 어우러진 단풍잎 장관에는 미치지 못하지만 또 다른 종류의 변화의 아름다움을 느낄 수 있다. 나는 녹색 숲 사이로 붉게 물들어가는 단풍이나 진한 갈색의 나뭇가지에 걸쳐진 붉은색 넝쿨을 감상하는 것을 좋아한다. 가끔 어린나무에 여러 가지 색이 뒤섞여 있는 것을 보면 더 흥미롭다.

문득 당나라 시인 허혼(許渾)의 시 〈조추(早秋)〉의 한 구절이 생각난다. '회남 땅에 오동나뭇잎이 떨어지니, 안개 속에서 늙어감을 깨닫는다(淮南一葉下, 自覺老煙波(회남일엽하, 자각노연파))'. 소년은 자유롭고, 중년은 대범하고 노년은 섬세하다.

인생은 여행처럼

멀리 가고 싶다면 체력을 보충하고 자신을 아껴야
한다.

최근 지인들과 터키, 그리스, 몰타, 이탈리아로 3주간의 고고학 여행을 떠났다. 매일 뜨거운 태양을 견디며 네다섯 시간을 걷는 쉽지 않은 여정이었다. 처음에는 모두 활기차고 용감했지만 나중에는 반 이상이 병이 났다. 3주간의 시간을 건강하게 버텨냈던 사람들은 공통점이 있었다. 마음이 평온하고, 말을 줄여야 할 땐 말을 삼가고, 물을 마셔야 할 때는 물을 마시고, 그늘이 있으면 더위를 식히고, 앉을 수 있으면 될 수 있는 한 앉아서 쉬려는 사람들이었다.

인생이라는 여행도 이와 같지 않을까? 멀리 가고 싶다면 체력을 보충하고 자신을 아껴야 한다.

자율

작은 일부터 자신을 넘어서야 한다.

방송사에서 근무하며 바쁜 업무를 처리하면서도 수십만 자에 달하는 당나라 시를 한 구절 한 구절 분류한 〈당시 구전(唐诗句典)〉을 엮은 적이 있다. 그때는 아무리 바빠도 새벽 두 시가 되도록 시를 다듬고 시구 몇 개를 정리한 후에야 잠자리에 들었다. 그때 나는 스스로 이렇게 다짐했다.

"해내자. 그래야 나 자신을 능가할 수 있어."

그런 노력의 시간을 거쳐 마침내 두툼한 책을 완성할 수 있었다.

작은 부분부터 꾸준함을 잃지 않고 해나가야 한다. 작은 목표일지라도 스스로를 다독이며 전진하여 나 자신을 넘어서면 놀라운 결과를 만날 수 있다.

교양

돈, 학력, 외모가 뛰어나다고 해서 다른 사람을 무
시하는 것은 오히려 자신의 천박함을 드러내는 것.

돈, 학력, 외모가 뛰어나다고 해서 다른 사람을 무시하는 것은 오히려 자신의 천박함을 드러내는 것이다. 예의 바른 태도는 교양의 척도이다. 자신보다 사회적 지위가 낮거나 어려운 환경에 처한 사람에게도 겸손하고 온화하게 대하고 있는가?

성공한 사람들은 자신이 어떻게 올라왔는지를 생각해야한다. 자기주장을 내세우고 소리를 지를 때, 자신의 표현이 저속하지 않은지, 모두 잘난 체할 때 누가 웃음거리로 전락하고 있는지를 생각해야 한다.

천성

많은 사람이 화려한 색을 입지 못했다고 슬퍼한다.

'판다는 평생에 한 번은 오색 빛깔로 화려한 자신을 보고 싶어 한다'는 우스갯소리가 있다.

많은 사람이 판다처럼 검은색과 흰색을 가지고 있음에도 화려한 색을 입지 못했다고 슬퍼한다. 꼭 그럴 필요가 있을까? 검은색과 흰색은 오색만큼 아름다우면서도 단순함의 미를 보여준다.

타고난 아름다움에 만족해야 한다. 유행을 맹목적으로 숭배할 필요도, 막무가내로 따라갈 필요도 없다.

신세대

창장강의 뒷 물결이 앞 물결을 밀어내지 못했다면
진작 말라버렸을 거다.

창장(長江)강의 뒷 물결이 앞 물결을 밀어내지 못했다면 진작 말라버렸을 거다.

세대를 거듭할수록 강해지지 않았다면, 현재의 인류는 여전히 산짐승을 날것으로 먹고 있을 것이다.

전 세대의 가장 큰 잘못은 다음 세대를 '무시'하거나 '너무 기대'한 것이다.

'예전 세대가 더 낫다'고 말하는 사람은 시대에 도태되고 있다.

그들은 청년들의 정면을 보지 못했다. 이미 뒤쪽으로 쳐졌기 때문이다.

일과 휴식

나에게 꼭 맞는 일과 휴식 시간을 찾아야 한다.

작가, 화가, 공익사업가 등으로 활동하는 내가 평소 어떤 하루를 보내는지 궁금해하는 사람들이 더러 있다. 그래서 나의 평범하고도 소소한 일과를 소개하고자 한다.

나는 10시가 넘으면 깨지만 누워서 여러 가지 일을 생각하거나 원고를 구상하다가 정오가 되어서야 침대에서 일어난다. 아침으로 사과 반쪽을 먹고, 점심은 생선탕이나 샐러드, 닭 다리 한 조각 등으로 간단히 해결한다. 그런 후에 거실에 앉아 커피 한 잔을 마시며 신문을 보거나 휘파람을 분다.

오후에는 아내와 대화를 나누고 짧은 영상을 시청한다. 두 시 반 정도에 일을 시작하는데 원고 구상을 이미 끝낸터라 의자에 엉덩이를 붙인 순간부터 빠른 속도로 글을 써 내려갈 수 있다.

저녁 식사 후에는 영화를 보거나 30분 정도 실내 자전거를 탄다. 또 아시아 지역의 사무 관련 일로 연락을 취한다.

샤워 후에는 침대에서 메일을 확인하고 독서를 하거나 자료를 찾는다.

새벽 두 시 반이면 꿈에서 영감을 찾는다. 내가 일하고 휴식을 취하는 방식이 아주 건강한 방법은 아니니 그저 재미 삼아 봐주면 좋겠다.

연애와
결혼 젤리

진열대

2

싼마오

호세가 없어도 유랑할 겁니까?

싼마오[*]에게 물었다.

"유랑이 왜 좋습니까?"

그녀가 대답했다.

"마음의 안식을 찾을 수 있어서요."

내가 또 물었다.

"호세가 없어도 유랑할 겁니까?"

그녀는 한참 말이 없더니 천천히 한 글자씩 말했다.

"그게 진짜 유랑이지요!"

* 三毛, 중국 현대 문학 작가로 20대 때부터 세계 각국을 떠돌다 북아프리카 서사하라에서 스페인 출신 남성 호세와 결혼함.

백마 탄 왕자

내가 왕자에게 백마를 선물하면 백마 탄 왕자가 되지요.

딸이 어렸을 때 할머니에게 백마 장난감을 선물 받았다.

"나에게 백마가 생겼어요. 이제 왕자를 찾아서 내 백마를 선물하면, 나의 왕자도 백마를 탄 왕자가 될 거예요!"

내가 웃으며 물었다.

"남자가 백마가 없으면 네가 백마를 준다고?"

할머니가 대답했다.

"요즘 백마 있는 왕자가 얼마나 있다고? 능력만 있다면 앞으로 노력하면 되지. 부부는 일심동체니까 누가 누구에게 주는 것은 중요하지 않아. 나중에 왕자도 우리 공주에게 백마 한 필 주지 않겠니! 두 사람이 함께 백마를 타고 가면 얼마나 보기 좋을까!"

여자는 강하고 남자는 약하다.

곤경에 처하면 서로 힘이 되어주는 관계

현대의 부모들은 딸을 가진 경우, 전통적인 여성상을 강요하지 않고 딸에게 진취적이고 당당하게 자신의 꿈을 이루며 살아가도록 가르치고 있다. 반면 아들이 태어나면 어릴 때부터 오냐오냐 응석을 다 받아주다가 '마마보이'로 만들어버리는 경우가 많다.

이런 경우 결혼 생활이 조금 피곤해질 수 있다. 이는 강한 여성과 약한 남성의 만남으로 이어지기 때문이다. 여성은 결혼을 통해 남편을 얻는 것이 아니라 아들을 얻어 엄마가 되는 것이다. 아주 특별한 여성만이 서로의 장점을 강화하고 단점을 보완해주는 방법을 터득하여 남편에게 성공의 길을 열어준다.

달빛 연인

연인의 사랑은 달과 같다. 흐렸다 맑아지고 기울었
다 차오르며, 바닷물을 끌어당겼다가 내려 앉힌다.

　부모의 사랑은 해와 같다. 감정 기복이 있어서 맑을 때도 있고 흐릴 때도 있지만, 햇살을 충분히 내려준다. 다만 시간이 지날수록 자녀는 이를 당연히 여기다가 무감각해질 수 있다.

　반면, 연인의 사랑은 달과 같다. 기쁠 땐 얼굴에 환한 미소가 가득하지만 화가 나면 흘겨보고 심지어 잠적해버린다. 매일 흐렸다 맑고 기울었다 차오르며 바닷물을 끌어당겼다가 내려 앉히니 정신이 혼미해진다. 속상한 마음에 미간을 찌푸리는 사이에도 벌써 그리움이 피어올라 내 마음을 가득 채운다.

연애 중인 여성에게 I

프라이버시를 보호하라.

1. 당신이 솔로임을 알려도 되지만, 당신의 모든 것을 거리낌 없이 공개해서는 안 된다. 아무리 장점이 많아도 상대방은 당신을 천천히 알아가야 한다. 사랑은 신비함이 있어야 아름답기 때문이다.

2. 그 사람이 당신의 재정 상황을 알 필요는 없다. 당신의 가난함과 풍족함은 그 사람과 상관없다. 그 사람은 당신의 돈이 아니라 당신에게 매력을 느꼈다. 당신의 경제력이 연애의 전제 조건이 되는 사랑은 확신하기 어렵다.

3. 남자가 집까지 바래다줄 때 당신이 안전하게 들어갔는지 확인한 후 돌아가는지 살펴보라. 처음 데이트한 남성은 쉽게 집 안으로 들여서는 안 된다. 이는 당신이 지녀야 하는 프라이버시와 신중함이다.

연애 중인 여성에게 Ⅱ

판단력을 잃지 말라.

1. 친하지 않은 사람과 낯선 장소에 가지 않는 것이 좋다. 술은 마시지 않는 것이 가장 좋고 음료를 마실 때도 잔에서 시선을 떼면 안 된다. 목이 말라도 아무거나 마시지 말아야 한다.

2. 음주 운전은 절대 허용해서는 안 된다. 음주 운전하는 사람은 다시 평가해야 한다. 상대가 술을 마신 후에도 운전대를 잡는다면 반드시 경고해야 한다.

3. 아무리 뜨거워도 자신을 보호해야 한다. 아무리 안정적인 관계여도 은밀한 사진 촬영은 거절해야 한다. 몸으로 불확실한 사랑을 쟁취하려고 해서는 안 된다. 확실한 사랑만이 우리를 해방시킬 수 있다.

4. 생각이 같은 경우를 제외하고 상대방이 말이나 행동으로 성적인 암시를 할 때는 지혜롭게 회피해야 한다. 상대방이 추한 모습을 드러내기 전에 거절 의사를 분명히 밝힌다.

연애 중인 여성에게 Ⅲ

교양을 갖춰야 한다.

1. 가족에게 연락이 오면 반드시 예의를 갖춰야 한다. 성숙하지 못한 사람은 가족에게 냉정하고 남에게 친절하게 대할 때가 많다. 가족을 존중하지 않으면 당신의 친구도 당신의 가족을 무시한다. 당신의 가족을 무시하는 사람이 당신은 무시하지 않겠는가?

2. 공공장소에서는 작은 소리로 말하고 종업원에게 예의를 갖추며 노약자에게 양보할 줄 알아야 한다. 신속하게 행동해야 할 때는 늦장 부리지 않고, 여유 있게 움직여야 할 때는 조급해하지 않는다. 나아갈 때와 물러날 때를 알고 선을 지켜야 우아하다.

3. 교제하는 이성에게 귀가 시간을 알려준 후 그의 행동을 관찰한다. 즐거운 시간을 보내면서도 그가 당신의 귀가 시간을 신경 쓴다면, 절제할 줄 알며 당신을 존중하는 사람일 것이다. 데이트 시간을 주도할 수 있는 여성은 반듯한 인상과 교양미를 풍길 수 있다.

4. 여러 사람과 동시에 교제하지 않는다. 교제를 시작할 때부터 평등하고 서로 존중할 수 있어야 한다. 이별에 마음 아파할 수는 있지만 돈에 얽매이면 안 된다. 서로 빚이 없어야 깔끔하게 헤어질 수 있다.

연애 중인 여성에게 Ⅳ

권력을 이해해야 한다.

1. 모든 호의에는 대가가 따른다. 그러므로 남성이 항상 식사를 대접하는 것보다 번갈아 식사를 대접하는 편이 좋다. 또한, 식사를 대접하는 경우 상대방이 당신의 입장을 고려하여 돈을 너무 많이 쓰지 않도록 배려하는지 확인할 수 있다.

2. 데이트 장소를 정해야 한다면 신중해야 한다. 그것은 당신의 품격을 반영하기 때문이다. 허영심에 부담스러운 장소를 선택해서는 안 된다. 상대방 입장에서 생각하는 것이 현명하고 지혜롭다.

3. 선물로 상대방의 환심을 사려 하지 말라. 그에 맞는 선물을 받으려고도 하지 말라. 고가의 선물은 받는 사람도 불편하고 주는 사람도 너무 큰 기대를 하게 된다. 적절하지 않은 선물은 도리어 사랑의 초점을 흐린다.

4. 연애는 두 사람의 일이므로 가족은 끌어들이지 않는 편이 좋다. 가족은 의견을 제공하고 함께 즐거워할 수는 있지만 책임을 질 필요는 없다. 두 사람의 관계를 통해 키워가는 사랑이니만큼 둘만의 크고 작은 문제가 부모님의 정신적인 부담이 되도록 해서는 안 된다.

사랑의 농도

영원한 사랑을 약속하는 맹세보다 현재의 사랑이
중요하다.

사랑은 계산하기 어렵다. 사람마다 사랑의 농도, 무게, 영속성이 다르기 때문이다.

농도가 낮다고 해서 오래 가기 어려운 것은 아니다. 오히려 농도가 높으면 빠르게 소실될 수 있다.

어떤 사람들은 죽을 만큼 사랑하지만 어떤 사람들은 한동안 사랑하면 금세 싫증을 느낀다. 성적 교감 없이는 사랑할 수 없는 사람도 있고, 능력이 없으면 사랑하지 못하는 사람도 있다. 또 자신의 처지나 상황이 어려우면 사랑할 여유가 없다고 생각하기도 하고 사랑 때문에 포기해야 하는 것이 있다면 감히 사랑하지 못하기도 한다.

이렇듯 사랑을 대하는 사람들의 생각과 태도가 천차만별이다.

가장 진실한 사랑은 멀고 아득한 미래의 맹세가 아닌 현재의 사랑이다.

여자친구

그 이후 다시는 종을 칠 수 없었다.

타이완 사범 대학을 다닐 때 학교의 한 건물 계단 옆에 밧줄이 있었는데, 교직원 친구가 시간에 맞춰 그 줄을 당겨 종을 쳤다. 나는 친구가 줄을 당기는 모습을 항상 지켜보다가 종을 치는 것이 어렵지 않은지 물어보니, 멈춰있던 큰 종을 흔들어야 하는데 꽤 기술이 필요한 작업이라 쉽지 않다고 했다. 내가 종을 쳐보고 싶다고 하자 교직원 친구는 줄을 같이 잡고 당기게 해주었다. 그렇게 몇 번 친구와 종을 쳐보았고 나중에는 친구 앞에서 꽤 훌륭하게 종을 쳤다. 자신감이 붙자 친구에게 말했다.

"나중에 바쁘면 내가 대신 종을 쳐 줄게."

하루는 교직원 친구가 오후에 일이 생겼다며 나에게 종을 쳐달라고 했다. 총 다섯 번을 쳐야 하는데 처음 네 번은 30초의 차이도 없이 아주 멋들어지게 쳤다. 그리고 마지막 남은 한 번을 칠 때 여자친구에게 말했다.

"오늘 수업은 10분 일찍 끝나게 해 줄게!"

그날 이후로 다시는 종을 칠 수 없었다.

혼전 계약서

마음만 잘 맞으면 무슨 일이든 다 이겨낸다는 건
전부 헛소리야.

친구가 자녀에게 혼전 계약서를 작성하라고 했다길래 웃음이 터져 나왔다.

"아직 식도 올리지 않았는데 헤어질 생각부터 하는 거야?"

친구가 대답했다.

"당연하지! 기대 수명이 길어진 만큼 변수가 더 많아졌잖아. 맑은 날에는 흐린 날에 대비해야지. 동업할 때는 관계가 끝났을 때를 생각해야 하듯이 오늘은 죽고 못사는 사이지만 내일이면 그 누구보다 미울 수 있어. 젊을 때야 마냥 달콤한 미래를 꿈꿀 수 있지만 인생은 모르는 거니까... 부모가 어리바리하면 안 되지!"

말다툼

문은 닫아도 걸어 잠그지는 말자.

사랑하는 사람과 말다툼을 하다가 그가 문을 박차고 나간다면 내가 할 수 있는 일은 무엇일까? 아무리 속이 상하더라도 내가 할 수 있는 차단 행위는 그 문을 닫는 것까지다. 문을 걸어 잠그지는 말자.

사랑하는 사람이 어떻게 나한테 이럴 수가 있나 하고 서운하고 미운 마음이 들 수도 있겠지만, 사랑하는 마음까지 접어서는 안 된다. 서로가 진심으로 사랑하는 관계라면 비록 자리를 박차고 나가더라도 여전히 마음이 쓰이고 상대가 자신을 끝까지 사랑하는지 확인하고 싶을 것이다.

이상적인 배우자

나이가 많아도 이상적인 상대를 찾을 수 있다.

　높은 연봉과 학력을 소유하게 되었지만 이미 결혼 적령기를 훌쩍 넘겼다면 이상적인 상대를 찾기 어려울까? 걱정할 필요 없다. 반려자를 만날 수 있는 방법은 많다.

　사람들은 꾸준히 자기계발을 한다. 따라서 다양한 자기계발 클래스를 통해 새로운 사람을 만날 수 있다. 이는 학교에 입학하여 새 친구를 사귀는 것과 비슷하다. 그곳에서는 서로 관심사와 취미가 비슷하기 때문에 인생의 반려자를 찾을 수도 있다.

　또 다른 방법은 친구 사귀기 또는 소개팅 프로그램을 이용하는 것이다. 시간적 여유가 없는 젊은 친구들은 친구 사귀기 사이트에서 자신에게 맞는 배우자를 찾기도 한다. 주선 단체가 엄격하고 신중하며 참가자에게 성실한 자료 작성을 요구한다면 오히려 우연한 만남보다 더 나은 사람을 만날 수 있다.

연애와 결혼

연애가 무르익었으면 결혼을 해야 한다.

연애가 무르익었으면 결혼을 해야 하는데 연애가 무르익었다는 것은 뭘까.

상대방을 사랑하는 마음과 어느 정도의 물질적 기반이 그 잣대가 된다. 사랑과 경제적 능력 모두 따지지 않을 수 없다.

그 밖에 시간적 여유나 물리적인 거리도 고려해야 하는데, 배우자에게 관심을 기울이거나 생각할 시간이 없을 정도로 바쁘다든지 장거리 연애를 하고 있다면 결혼에 적합한 시기라고 하기 어렵다.

하지만 여자친구가 결혼 적령기를 넘겼다면 그녀의 건강과 자녀를 위해 일보다 결혼을 선택할 수도 있다. 자녀의 출산과 양육이 신체적으로 부담이 되는 것은 부정할 수 없는 사실이다.

친정과의 거리

외로움과 참견 사이에서

여성은 결혼 후 친정과 멀어지면 어려움이 닥칠 때 도움을 받을 수 없으니 친정 가까이서 지내는 것이 좋을까?

그런 고민을 하고 있다면 결혼 생활에 갈등이 생겼을 때 친정으로 달려갈 생각을 한다는 뜻이다. 과연 현명한 행동일까. 친정으로 갔는데 남편이 데리러 오지 않으면 어떻게 해야 할까? 문제가 생길 때마다 부모님의 뒤로 숨을 수는 없을 텐데 말이다.

결혼은 한 여자와 한 남자가 만나 새로운 가정을 이루는 것이다. 어려움이 닥쳐도 부부가 함께 힘을 내어 헤쳐나간다면 더 돈독한 결혼 생활을 영위할 수 있다.

친정과 가까운 곳에서 결혼 생활을 시작하면 부부 관계뿐 아니라 양가 어른들의 원만한 관계도 신경 써야 하니 쉬운 일은 아니다.

요컨대 친정과 멀든 가깝든 부부의 일은 부부 중심으로 해결하고, 다른 사람에게 기대지 않도록 해야 한다.

비슷한 집안과 결혼해야 할까?

사랑은 세속적인 것을 능가할 수 있다.

사회적 지위와 학력, 경제적 수준이 비슷한 사람들끼리 만나 결혼하면 안정적인 가정을 꾸릴 수 있다. 또 결혼을 통하여 사회적 지위 상승을 꿈꾸거나 실현하는 경우도 있다. 요즘은 결혼을 아예 하지 않으려는 젊은이들이 늘고 있는데 자신과 비슷한 수준의 짝을 찾지 못하거나 결혼할 수 있는 경제적인 여건이 되지 않아 결혼을 거부하는 것이다.

비슷한 집안끼리 만나든 서로 다른 집안이 만나 혼사를 이루든 어느 쪽도 칭송하거나 배척할 필요는 없다. 사랑은 언제나 세속적인 것을 능가한다.

가치관

어떤 가치관을 가졌는지가 그 사람을 말해준다.

사람은 겉모습은 비슷해보여도 머릿속 생각, 특히 가치관은 저마다 다르다. 같은 일을 대할 때도 나는 아주 큰 문제라고 생각하는 일을 상대는 사소한 일이라고 생각할 수 있다. 또 상대방은 절대 참을 수 없는 문제라 느껴도 나는 전혀 개의치 않을 수 있다. 과거에는 비슷한 집안끼리 결혼하려는 분위기가 있었는데, 이는 가풍이나 가치관이 비슷한지 고려했던 것이다. 비슷한 수준의 가문에서 자랐다면 몸과 마음으로 익힌 가치관도 비슷하리라고 생각했기 때문이다.

하지만 이제는 달라졌다. 세상은 점점 작아지고 복잡해지고 있다. 우리는 다양한 가치관을 받아들이기 위해 노력해야 한다. 배우자를 고를 때 먼저 상대방의 가치관이 나와 큰 차이가 없는지 살펴야 한다. 상대방을 바꿀 수 없을 때 나를 바꿀 수 있을까? 두 사람 모두 바꿀 수 없다면 서로에게 관용을 베풀 수 있을까? 자녀를 낳으면 아이에게 누구의 가치관을 주입시켜야 할까? 결혼 생활이 순탄하지 않은 가장 큰 이유 중 하나는 부부의 가치관의 차이 때문이다.

딸의 결혼

딸 샤오판이 결혼했다. 리무진은 없었다.

딸 샤오판이 결혼했다. 리무진은 없었다. 샤오판은 교회에서 나와서 바로 맨해튼 5번가를 따라 면사포를 떨굴 정도로 호텔을 향해 씩씩하게 달려갔다. 다행히 웨딩드레스는 끌리지 않았다. 샤오판은 이브닝 파티에서 웨딩드레스를 허리까지 감아올려 새로운 이브닝드레스를 연출했고 그렇게 드레스 한 벌 비용을 절약했다. 웨딩드레스는 무거웠지만 샤오판은 저녁 내내 춤을 추었다. 하이힐 대신 운동화로 갈아신은 채 말이다.

정직한 사람

결혼 전에는 그 사람만 보면 되지만 결혼 후에는
배우자도 함께 봐야 한다.

한 제자가 찾아와 친한 초등학교 동창과 동업을 했지만 손해를 봤다며 하소연했다.

나는 어렸을 때 정직했던 사람이 성인이 된 후에도 정직한 건 아니라고 말했다. 제자가 말했다.

"그 친구는 예전과 변함없이 성실하고 정직해요. 절대 거짓된 모습이 아니었어요. 그래서 안심하고 동업했던 거예요."

내가 말했다.

"그럼 그 사람의 아내는? 정직한 사람의 배우자도 똑같이 정직하다는 법은 없어. 어쩌면 배우자는 더 계산적일 수도 있지. 기억하게, 결혼 전에는 그 사람만 보면 되지만 결혼 후에는 부부를 다 봐야 해. 아무리 친한 친구라도 말이야."

결혼식

현실적인 문제들을 고려하지 않을 수 있다면
결혼식은 하지 않아도 된다.

결혼식을 꼭 치러야 할까? 명확한 답을 내리기는 어렵다. 그건 여러 현실적인 문제와 관련됐기 때문이다. 어떤 여성들은 어렸을 때부터 웨딩드레스를 입고 예식장에 들어서는 꿈을 꾼다. 형식을 중요시하는 일부 부모는 결혼식을 반드시 거행해야 한다고 여긴다. 또 결혼식을 하지 않으면 지금까지 낸 축의금을 어떻게 '회수'해야 하는지도 고민하게 된다. 이런 현실적인 문제를 고려하지 않을 수 있다면 결혼식은 꼭 하지 않아도 된다고 생각한다. 기념이 될 만한 결혼식을 원한다면 가까운 가족과 친구들을 초대한 스몰웨딩도 생각해볼 수 있다. 이렇게 아낀 비용으로 부부 두 사람이 미래를 계획하고 집을 사는 데 보태거나 공익 단체에 기부할 수도 있다.

다툼의 패턴

다툼의 패턴이 있어야 다툴 자격이 있다.

아침에 한바탕 크게 싸운 부부가 있다. 남편은 화가 나서 문을 박차고 나갔지만 싱글싱글 웃으며 사무실로 들어갔다. 그러나 온종일 열심히 근무하고 귀가해서는 다시 정색한다.

눈물을 흘리던 부인은 곧 화장을 하고 아이를 학교에 데려다준 후 다른 학부모들과 웃으며 담소를 나눴다. 그리고 시장에서 장을 본 후 수업이 끝난 아이와 함께 집에 와서 식사를 준비한다. 남편이 집에 오자 부인은 식사를 차리며 아이에게 웃는 얼굴로 밥을 먹이고 자신은 입맛이 없다며 먹지 않는다.

이 부부의 다툼에는 패턴이 있다. 다툴 땐 다투더라도 주변 사람들에게 영향을 주지 않고 각자 할 일을 여전히 해낸다. 지킬 것은 지키는 패턴이다. 다툼의 패턴이 있어야 싸울 자격이 있다!

딩크족

여건이 허락된다면 아이는 낳는 것을 추천한다.

주변에서 간혹 딩크족(double income no kids 부부에게 소득이 있지만 아이를 낳지 않기로 결심한 맞벌이부부)을 만난다. 결혼 후 자녀 양육의 부담을 원하지 않으면 딩크족이 될 수 있으며 그건 개인의 선택에 달린 문제다. 하지만 국가의 장기적인 발전 측면에서 생산성에 문제가 생긴다. 국가의 생산성에 문제가 생기면 개개인은 직간접적인 영향을 받는다.

삶의 목적은 인류의 삶의 수준을 증진시키는 데 있고, 생명은 우주를 이어갈 생명을 창조하는 데 의미가 있다. 아이를 낳지 않기로 결심했다면 자신의 능력을 사회에 기여하면 된다. 아이를 낳기로 선택했다면 생명은 존속될 수 있다.

전업주부

전업주부도 고충이 있다.

사회에서 경제 활동을 하는 남편은 아내가 아이를 학교에 바래다주고, 빨래, 식사, 청소나 하면서 편안하게 집에서 지낸다고 생각하기 쉽다. 집 밖에서 힘들게 일하는 남자에 비하면 훨씬 수월하다는 거다.

전업주부 여성이 집에서 휴대전화를 보거나 텔레비전을 볼 시간이 있는 것은 사실이다. 그러나 남자는 퇴근하면 집에서 쉴 수 있지만 아내는 여전히 분주하게 움직여야 한다.

남자는 집에 걱정거리가 있더라도 회사에서 바쁘게 일하다보면 다 잊을 수 있다. 하지만 전업주부는 아이가 학교에 가면 집에 혼자 남아 온종일 마음에 담아두고 염려한다. 남편은 전업주부의 고충을 이해하고 각자의 역할을 잘 감당할 수 있도록 서로 격려하고 공감해주는 노력이 필요하다.

맹인안내견

남편은 저에게 맹인안내견 같은 존재입니다.

"남편이 저의 맹인안내견이 되겠다고 했어요."

노부인은 그윽한 미소를 지어 보였다.

"눈이 안 좋아서 저녁에 외출할 때면 남편이 나를 꼭 붙잡았어요. 울퉁불퉁한 길을 만나면 저에게 조심하라고 당부하곤 했지요. 작년에 남편이 세상을 떠났는데, 임종 전에 내 손을 잡아당기며 이제는 날이 어두워지면 외출은 삼가라고 말하더군요. 그리고는 몸은 떠나지만 항상 맹인안내견처럼 곁을 지켜줄 테니 험한 길을 만나도 겁먹지 말라고 했어요."

말을 마친 노부인은 얼굴을 감싸고 울기 시작했다.

빌 게이츠의 이혼

억지로 관계를 유지할 것인가, 각자의 길을 선택할
것인가.

누군가 빌 게이츠(Bill Gates)도 이혼했는데 우리의 결혼은 어떻게 될 것 같냐고 물었다. 빌 게이츠의 이혼은 우리와 아무 관계도 없으니 너무 확장해서 생각하지 말자. 손바닥도 마주쳐야 소리가 나는 법.

결혼은 두 사람이 함께 여행하는 것과 같다. 한 사람이 말했다.

"나 피곤해."

또 다른 사람이 말했다.

"같이 있어 줄게."

그렇게 두 사람은 길가에 앉아서 조용하고 차분히 함께하는 삶을 누린다. 보폭을 맞추며 함께 일생을 걸으니 얼마나 좋은가? 물론 다른 가능성도 있다.

"피곤해."

또 다른 사람이 말한다.

"난 그래도 갈 거야."

"그럼 내게 속한 부분을 남겨줘. 그리고 너는 너의 길을 가."

화목하지 않은 부부가 평생 억지로 관계를 유지할 수도 있겠지만 각자 자신이 원하는 미래의 길을 찾고, 이를 인정해 주는 것, 이 또한 대안이 될 수 있지 않을까 생각한다.

가정 잡화

진열대

3

갑자스러운 이별

한순간에 모든 것을 소유하고,
한순간에 모든 것을 잃다.

"부모님이 갑자기 세상을 떠나셨어요. 한순간에 부모님이 남기신 많은 재산을 갖게 되었지만, 한순간에 모든 것을 잃은 기분이에요. 어머니가 사주신 옷, 아버지가 사주신 액세서리 하나하나에 가슴이 아파요! 부모님이 자주 앉으셨던 의자, 자주 계시던 공간을 쳐다보지도 못하겠어요. 부모님이 남기신 것이 많을수록 후회가 커져요. 왜 부모님이 살아계실 땐 언젠가 돌아가실 거라고 생각하지 못했을까요?"

여학생은 말을 마치자마자 얼굴을 파묻고 울음을 터뜨렸다.

휴대전화 자녀

어떤 휴대전화를 가지고 있는가?

당신은 어떤 자녀인가?

자녀는 두 부류로 나뉜다. 한 부류는 휴대전화 안에 있다. 그들의 목소리를 신나게 들을 수 있고 친구에게 당당히 '쇼(show)' 할 수 있다. 또 다른 부류는 '쇼'를 할 만한 것이 없지만, 그들이 바로 우리의 휴대전화처럼 곁에 있으면서 우리를 대신해 연락하고, 우리를 대신해 사진을 촬영하고, 우리를 대신해 병원에 접수하고 위독하면 친구들에게 알려주며, 휴대전화 속에 숨어 사는 자녀들에게 마지막으로 한번 와보라며 부른다.

당신은 어떤 휴대전화를 가지고 있는가? 당신은 어떤 자녀인가?

어버이날

부모님을 위한 어버이날은 자녀가 주도하는 것이
좋다.

부모는 보통 자녀가 무엇을 입고, 무엇을 먹고, 무엇을 공부하고, 돈을 어떻게 모으고, 어떤 배우자를 찾을지 계획하는 데 관여한다. 부모는 심지어 어버이날에도 자녀에게 이렇게 말한다.

"선물 같은 거 살 생각하지 말고 돈 아껴! 난 네 마음만 있으면 충분해!"

부모님이 그렇게 말씀하셨으니 그대로 따르면 될까? 아니다. 부모님을 위한 어버이날은 자녀가 주도해야 한다. 부모님도 분명 감동하실 거다.

"이제 네가 다 컸구나!"

노인

그는 사랑이 담긴 포옹을 가장 원한다.

　노인은 커다랗고 썰렁한 집보다 따뜻한 공기로 가득 찬 작은 집이 더 좋다. 한 상 가득한 산해진미보다 씹기 쉬운 소소한 반찬이 좋다. 연말연시에 받는 선물 꾸러미보다 평소 퇴근길에 사 오는 작은 간식이 좋다.

　그 국이 가장 맛있고, 그 잠옷이 가장 좋고, 그 작은 집이 가장 편하다고 말한다면 나이가 들었다는 의미다. 노인이 되면 아이 시절로 돌아간 것처럼 작은 집의 작은 침대에 누워서 포근히 안겨 있고 싶어 한다.

　자주 가서 안아드리자. 가장 원하지만 말하기 쑥스러운 것이 바로 우리의 사랑이 담긴 포옹이다.

고학력 엄마

고학력 엄마에게도 전업주부는 가치 있는 일이다.

여건이 허락한다면 전업주부가 될 생각이 있는가?

전업주부가 되는 것은 다른 것 못지않게 훌륭한 선택이다. 좋은 엄마는 다음 세대, 심지어 다음 몇 세대의 교육까지 영향을 준다. 유대인 가정은 남성이 돈을 벌고 여성은 석박사 학위를 갖고 있더라도 집에서 아이를 돌보는 경우가 흔하다. 그것을 사회자원의 낭비라고 볼 수 있을까? 고등 교육을 받은 엄마가 키운 아이는 다르지 않을까? 이 세상은 그런 '다름'이 필요하다. 따라서 전업주부가 되고 싶다면 되어보자. 비범한 자녀를 키워낼 수도 있다!

효심

부모의 임종 전에야 효심을 보이려는 자녀는 비난

받아야 한다.

부모 곁에 있지 않았던 자녀일수록 부모가 임종할 때 의사에게 화를 많이 낸다.

한 의사가 정곡을 찔렀다.

"부모와 함께 보낸 시간이 짧은 자녀일수록 늦게나마 발동한 효심 때문인지 죄책감 때문인지 임종이 다가오면 의사에게 화를 많이 냅니다. 그때 화를 내봤자 무슨 소용이 있습니까? 부모를 며칠 더 살게 해달라고요? 지난 몇 십 년간 어디에서 무엇을 하고 있었는데요? 하나만 물어봅시다. 해외에서 유학하고 돌아온 명의라고 해도 부모의 혈압을 몇 번이나 재었을까요? 세계적으로 성공한 유명 디자이너가 과연 부모님의 옷은 몇 벌이나 만들었을까요? 참, 수의는 빼고요!"

자녀의 독립

독립하겠다는 생각은 진작 하고 있었다.

자녀가 부모와 한바탕 싸우고 집을 떠났다고 생각해보자. 다툼은 계기일 뿐이고 진짜 이유는 성장한 자녀가 가야 할 때가 되었기 때문이다.

성장과 독립은 자연스러운 일이다. 독립하고 싶다는 생각은 일찌감치 들기 시작했다. 자녀 자신도 모르는 새 부모에게 의지하고 싶은 생각과 독립하고 싶은 생각이 서로 부딪히다가 그 순간 폭발해 버린 것이다.

그래서 행동으로 옮길 이유를 찾아 짐을 싸고 눈물을 흘리고 문을 박차고 나간다.

그런 자녀를 보며 초조해할 필요는 없다. 집나간 고양이처럼, 언젠가 여럿을 데리고 다시 돌아올 테니.

어린 시절

잿더미 위에서도 피어나는 희망과 사랑

어린 시절 집에 불이 났다. 제대로 된 세간살이 하나 남기지 않고 다 타버렸는데 마당에서 키우던 천사의 나팔꽃까지 형태를 알아보기 힘들 정도로 타버렸다. 어머니는 길가에 작은 판자집을 세웠다. 비가 새서 나중에는 석면 기와로 된 집을 더 세웠다. 폐허의 오른쪽으로 유일하게 타버리지 않은 변기통이 보였다. 밤에 화장실을 갈 때면 근처 집들이 밝히는 반짝이는 불빛이 처량하면서도 아름다웠다.

어느 날 밤, 창밖에서 꽃향기가 날아왔다. 천사의 나팔꽃이 다시 살아나 꽃을 활짝 피워냈다. 판자집 안에서는 어머니가 옷을 꿰맸고, 문 근처에서는 우리 집 고양이가 개 한 마리와 싸움질을 했다. 고양이가 항상 이겼고, 나는 그게 좋았다.

부유하게 키운다는 것

너는 성이 없어도 군마가 있는 공주다.

딸은 부유하게 키워야 한다. 하지만 외부의 유혹을 받지 않도록 키우는 것이 더 중요하다. 한 친구는 딸에게 자주 이렇게 말한다.

"너는 성이 있는 공주야. 그러니까 다른 사람이 너를 어떻게 유혹하든 신경 쓰지 마."

그런데 집이 없다면, 성이 없다면 어떻게 해야 할까? 딸에게 이렇게 말하자.

"너는 군마가 있는 공주야. 아빠가 너의 군마가 될 거고, 너와 함께하고 너를 보호할 거야."

가난하게 키운다는 것

곤경에 빠졌을 때 스스로의 힘으로 대처할 수 있도록
키워야 한다.

'남자는 가난하게 키워야 한다'는 말은 옛날 사고방식과 관계있는 것 같다. 중국 옛말에 '하늘이 사람에게 큰 임무를 맡기려고 하면, 반드시 그 뜻과 마음을 먼저 괴롭게 하고, 근육과 뼈를 깎는 고난을 겪게 한다(天將降大任於斯人也, 必先苦其心志, 勞其筋骨(천장강대임어사인야, 필선고기심지, 노기근골))'고 했다. 어떤 부모는 태어난 지 얼마 안 된 아이를 차가운 물에 목욕시키며, 아이가 자라면 차가운 눈밭에서 추위를 견디게 한다고 한다. 그렇게 해야 아이가 미래에 닥칠 여러 어려움에 대처할 수 있을 거라 믿는 것이다.

그런데 지금이 걸핏하면 기근과 흉작이 일어나는 시대인가? 오늘날 '남자아이는 가난하게 키워야 한다'는 의미는 달라져야 한다. 아이에게 '이런 일은 스스로 해결해야 해. 아빠 엄마는 너를 도와줄 수 없어'라고 말하여 아이가 직접 위기에 대처하고 스스로 문제를 해결할 방법을 생각하게 해야 한다. 그러면 아이는 조금씩 독립적으로 생각하고 책임질 능력을 갖추게 된다. 이것이 지금 시대에 어울리는 자녀를 가난하게 키우는 방법이 아닐까 생각한다.

출발선

아이를 일찍 출산해야 할까?

9월 1일 전에 아이를 낳으려는 중국 여성들이 많아서 이 즈음에 산부인과가 바빠진다는 뉴스를 접했다. 병원 한 곳에서만 제왕절개 수술을 65차례 진행했다고 한다. 아이가 '출발선'에서부터 뒤처질까 봐 임신 8개월임에도 불구하고 낳기도 한단다.[*]

유아의 발육은 며칠 사이로 큰 차이가 있다. 너무 이른 시기에 입학하면 친구들을 쫓아가기 어렵고 버겁게 느끼며 자신감을 잃게 된다.

부모가 조급한 마음에 나이도 차지 않은 아이를 다른 아이들과 같은 출발선에 세웠다고 해서 안심할 수 있을까? 자칫하다 첫 출발부터 뒤처질 수 있다.

[*] 초등학교 입학 연령이 만 6세, 즉 8월 31일(8월 31일 포함) 이전에 태어나 9월 입학 전에 만 6세가 되면 입학이 가능하고, 만 6세가 되지 않을 경우 다음 해에 입학을 해야 하기 때문에 8월에 아이를 낳으려는 산모가 많다.

걱정

걱정이 너무 많은 부모는 자녀에게 걸림돌이 될 수
도 있다.

아들 류쉬안이 〈나는 연설가입니다〉[*]라는 TV 프로그램에 참가했다. 대회 전에 나는 아들에게 중국의 연설 프로그램은 고수들이 대거 출연하므로 경쟁이 치열할 거라고 귀띔해주었다. 그런데 놀랍게도 류쉬안은 우승을 거머쥐었다. 프로그램에 참가한 아들은 뛰어난 표현력으로 장내 분위기를 장악했다. 나는 아들의 모습을 보며 괜한 걱정에 부담만 준 것 같아 반성했고, 아들이 나의 말에 지레 겁을 먹고 포기하지 않아서 다행이라고 생각했다. 아들에게는 아들의 세상이 있다. 특히 아들이 성인이 된 후에는 스스로 세상에 뛰어들도록 잡고 있던 손을 놓아주어야 한다. 지나치게 걱정하는 부모는 도움이 되지 않을 뿐 아니라 오히려 걸림돌이 될 수도 있다.

[*] 我是演说家(아시연설가) 중국에서 방영한 연설 오디션 프로그램.

조산아

사랑은 덮어주고 품어주는 것

뉴스에서 출산 예정일보다 일찍 태어난 아기에 관한 소식을 봤다. 모두 생존하기 어려울 거라고 예상했지만 가족이 매일 인큐베이터의 아기를 어루만지며 사랑을 쏟았더니 이제는 건강하게 퇴원했다는 내용이었다.

이 소식에 깊이 감동할 수밖에 없었다. 세상에 갓 태어난 아기라고 해서 아무것도 모른다고 생각하면 안 된다. 아직 세상이 뿌옇게 보이더라도 본인이 사랑받는다는 감정은 느낄 수 있다. 따라서 아기를 돌볼 때는 아기를 향한 사랑을 적극적으로 표현해야 한다. 유년 시절 얼마나 충분한 관심과 보살핌, 사랑을 받았는지가 일생을 결정할 수도 있다.

사랑을 받고 자라난 아이일수록 사랑할 줄 알고 세상에 관심을 기울이고 약자를 동정한다. 그러므로 감정이 없거나 차가운 아이가 있다면, 또는 동정심이나 이해심이 부족한 사람이 있다면 비난보다 관심과 사랑을 베풀어야 한다. 이미 늦었다고 생각하지 말자. 사랑은 덮어주고, 품어주는 것이다.

방해

개인의 감정은 끊어내고, 방해는 이겨내고, 수줍
음은 떨쳐내고.

손녀에게 낭독하는 법을 가르쳐 줄 때 손자에게는 옆에서 움직이지 말고 조용히 보고 있으라고 했다. 하지만 손자는 얼마 지나지 않아 몸을 비비 꼬며 가만히 있지 못했다.

"조금만 참아. 며칠 후면 너도 낭독 연습을 할 거야."

손자는 곧 얌전해졌다.

"하지만 좀 있다가 누나가 낭독할 때는 마음껏 움직여도 돼."

손자는 알 수 없다는 표정을 지었다.

"누나가 다른 사람의 영향을 받지 않는 연습도 해야 하거든. 그러면 무대에 올랐을 때 주눅 들지 않고, 무대 아래서 어떤 일이 일어나든 방해 받지 않지."

이건 내가 학생들에게 연설을 훈련시키는 방법이다. 먼저 학생들과 즐겁게 이야기를 나누다가 갑자기 "무대에 올라!"하고 명령하면, 학생은 바로 집중해서 자신감 넘치는 목소리로 당당하게 연설한다.

이는 진지함과 전문성을 훈련하는 방법이다. 무대에 올라가야 한다면 자신이 가지고 있는 것 100%를 보여주어야 한다. 바로 그 전 순간의 개인적인 감정은 끊어내고 외부의 어떠한 방해도 이겨내야 하며 수줍어하면 안 된다.

수업

앞서가려면 체면 따위는 버려야 한다.

오늘 손녀에게 낭독을 가르치는데 손녀가 울음을 터뜨리고 말았다. 아마도 엄마, 친구, 친구 엄마가 다 보는 데서 내가 자꾸 낭독을 시키고, 자세를 고쳐주고 해서 그런 것 같다. 손녀가 방으로 들어가자 내가 따라가 물었다.

"연습은 계속할 거니?"

손녀는 울면서 고개를 끄덕였다.

"대회 나갈 생각은 변함없고?"

손녀가 또 고개를 끄덕였다.

"바로 그거야! 네 고모는 어릴 때 할아버지가 낭독을 가르쳐줬는데, 갑자기 책상 뒤에 숨더니 잠시 후에 빨개진 눈으로 일어났지. 또 네 아빠는 고등학생 때 연설을 고쳐주니까 화가 나서 방으로 돌아가서 벽을 내리치는 바람에 석고판에 구멍이 났지. 하지만 네 아빠는 뉴욕시의 연설 챔피언이 되었고 지금은 유명한 연설가가 되었단다."

저녁 식사를 할 때 내가 그 이야기를 다시 꺼내자 아들이 웃으며 말했다.

"아이에게 그런 말씀까지 하시면 제가 체면이 서지 않잖아요!"

내가 말했다.

"그래, 체면도 중요하지. 하지만 앞서가려면 체면 따위는 버려야 한다. 시련을 겪고 화가 나야 언젠가 체면을 제대로 차릴 수 있으니까."

의지력

아이의 의지력은 타협하지 않는 부모에 의해 만들어진다.

심리학자들은 아이의 성공은 지능보다 의지력에 달려있다는 사실을 발견했다.

똑똑하면 빨리 배울 수 있지만 지식을 오래 활용하는 것과는 다른 문제다. 의지력이 있는 아이는 끝까지 해나가기 때문에 훨씬 더 착실하게 배우고 더 많은 것을 깨달을 수 있다.

타고난 지적 능력은 바꾸기 어렵지만 의지력은 어렸을 때부터 훈련할 수 있다. 아이에게 질문했을 때 아이가 바로 답하지 못한다면 스스로 생각할 시간을 주고 기다렸다가 다시 물어보는 것이다.

"스스로 답을 찾았으면 하는데, 찾았니?"

이렇게 물어보는 횟수가 많아지면 아이는 타협할 수 없음을 깨닫는다. 아이는 대충 넘어갈 수 없다. 반대로 주변의 어른들이 대신 대답하거나 스스로 할 일을 대신해주거나 용두사미처럼 흐지부지하게 넘어가면 아이는 끝맺음하는 기질을 키우기 어렵다.

따라서 아이가 의지력을 키우길 바란다면 부모 자신이 의지력이 있어야 한다. 자녀는 부모의 타협하지 않는 태도를 배운다. 부모가 중도에 포기하지 않으면 자녀도 포기하지 않는다. 부모의 의지가 용두사미로 그치지 않으면 자녀역시 끝까지 해낸다.

기준이 확실한 부모

기준이 확실하지 않은 부모가 문제 있는 아이를 만든다.

어떤 부모가 문제 아이를 만들까? 답은 매우 간단하다. 기준이 불분명한 부모다. 기분이 좋으면 아이가 잘못을 저질러도 눈감고 모른 척 지나간다. 하지만 기분이 좋지 않은 날에는 아이가 작은 실수를 해도 엄한 벌을 내리고 비난한다. 문제는, 아이가 사실에 근거하여 시비를 따지는 것이 아니라 부모의 안색을 살피고 부모의 감정을 짐작하는 사람으로 변한다는 것이다. 눈치를 보는 사람은 안전감이 없고 환심을 사기 위해 노력하며 거짓말이 는다. 따라서 부모라면 확실한 기준과 안정된 정서가 있어야 한다.

자녀 비하

비난보다는 응원을 해주자.

중국인은 자신을 비하하는 방식으로 겸손함을 표현한다. 그런데 가끔 자신의 자녀까지 비하할 때도 있다. 아이가 뛰어난 모습을 보여주었을 땐 칭찬은 아끼면서 조금이라도 잘못하면 호되게 비난한다. 이유는 "잘하는 것은 당연한 건데 해 줄 말이 뭐가 더 있겠어? 잘못하면 당연히 혼나는 거고."라는 관념 때문이다. 이 때문에 평생 부모의 칭찬 한마디 듣지 못하는 아이도 있다.

하지만 인생이라는 마라톤을 먼저 뛰어 본 부모가 종점에서 화환을 들고 자녀를 기다릴 수는 없을까? 중간에 힘들어하는 아이에게 격려와 응원을 보내보는 것은 어떨까?

말을 잘해야 한다.

좋은 마음에서 우러난 당부의 말을 질문 형식으로
할 필요는 없다.

"옷 좀 더 입어, 밖이 얼마나 추운지 알아?"

"옷 좀 더 입어, 추울까 봐 그래."

"이 과일도 먹을 거야?"

"이 과일도 먹어보자!"

얼핏 보면 크게 달라 보이지 않는 문장인데 굳이 나누자면 전자는 질문이고 후자는 당부의 말이다.

사람들은 좋은 마음에서 비롯된 당부의 말을 질문의 형태로 표현한다. 아마 윗세대부터 전해 내려오는 말하기 습관일 거다. 윗세대가 이 습관을 바꾸지 못했다면 우리 세대부터는 고치도록 노력해 보자. 좋은 말은 좋게 해야지 나쁘게 말할 필요가 없다.

성장

팔이 밖으로 굽는 딸에게 질투가 나요.

한 어머니가 내게 말했다.

"딸이 대학교를 졸업한 지 한참 됐지만 여전히 아이로 봤어요. 그런데 어제 딸이 집에 남자친구를 데려왔어요. 같이 식사하는 자리에서 제가 딸아이 밥그릇에 반찬을 얹어주었는데 딸은 남자친구에게 반찬을 얹어주는 거예요. 제가 남자친구에게 이것저것 물어보니 딸아이가 질문이 너무 많다며 못하게 막더라고요. 지금까지 제가 병아리를 품고 있는 닭과 같았는데 이제는 딸이 남자친구를 품어주네요. 이제 정말 다 컸나 봐요."

어머니가 여기에 한마디를 덧붙였다.

"이제 딸에게 세뱃돈을 주지 않으려고요. 팔이 한 번 밖으로 굽기 시작하니 이제 안으로 굽을 생각을 안 하는 것 같아요."

시행착오

결국은 잘 될 거야.

친구가 명문 고등학교를 졸업한 딸에게 말했다.

"너는 공부를 잘하니 의과 대학에 가거라."

하지만 딸은 아버지의 말을 듣지 않고 영화관에서 좌석 안내 아르바이트를 했다. 일 년 동안 아르바이트를 하면서 몸과 마음이 지친 딸은 결국 의과 대학에 지원했다. 친구가 말했다.

"내 말을 들었다면 작년에 진작 들어가지 않았겠니."

딸이 말했다.

"아버지 말씀 때문이 아니라 제 마음의 소리에 귀를 기울이고 의과 대학에 가기로 한 거예요. 제 인생은 제가 선택하는 거고, 실패와 성공도 제가 책임져요."

그 친구는 내게 말했다.

"시행착오를 겪더라도 자신의 선택이니 잘 이겨내리라 믿어야겠지.

기획

가족이 더 화목해질 수 있는 기회를 만들자.

아들네 가족이 뉴욕에 오게 되어 휴가를 함께 보냈다. 나는 마당의 목련을 가리키며 아들에게 말했다.

"단풍나무가 목련이 받을 햇살을 가리니 가지를 잘라 주렴!"

아들이 가지를 치러 나간 후 이번에는 위층에 있던 며느리에게 외쳤다.

"애비가 가지를 치러 갔단다. 잔디밭이 약하니 사다리가 흔들리지 않도록 단단히 붙잡아 주렴."

아들이 가지를 다 치고 돌아오자 내가 말했다.

"화단의 담장이 기울어졌으니 정리 좀 해 다오."

그리고 방으로 가서 손자와 손녀를 불렀다.

"아빠가 너희들 도움이 필요하니 어서 나가 보거라! 화단의 잡초를 뽑아주렴."

나는 거실로 들어와 아들 내외와 손자 손녀가 바닥에 옹기종기 앉아 화기애애하게 일하는 모습을 지켜봤다.

(사실 이 모든 것은 내가 기획한 가족 활동이다. 아들에게 며느리와 함께 어린 시절 추억을 회상하게 하고 손자와 손녀가 할아버지 집을 자기 집처럼 편안하게 느끼도록 하기 위해서였다.)

101세

101세이신 장인은 아이패드 세 개, 텔레비전 두 대를 갖고 계신다.

장인어른이 뉴욕에서 101세 생신을 보내셨다. 어르신은 귀가 약간 어두운 것 말고는 정신도 맑고 아이패드 세 개, 텔레비전 두 대를 갖고 계신다. 장인어른은 텔레비전을 시청할 때 꼭 간식을 드신다. 치킨이나 라면도 즐겨 드시고 매일 아침 신문을 보시고는 마치 아직 펼쳐보지 않은 것처럼 깔끔하게 접어놓으신다.

장인어른은 시력은 약하지만 필체는 인쇄된 활자처럼 아주 작고 고르다. 영어는 모르지만 날씨 예보를 보고 가족에게 알려주신다. 머리에 에센스를 바르고 옷을 직접 다려 입으시고 아름다운 여성을 보는 것을 좋아하신다. 마작도 즐겨 두시는데 이번 코로나19(COVID-19) 때문에 마작 친구 반 이상이 돌아가셨다고 안타까워하신다. 그래도 매일 노인복지센터에 가서 마작 친구를 찾고 잡담을 나누신다.

딸 둘과 수양아들 부부, 손녀 내외가 장인어른의 생신을 축하드렸고, 바다 건너에서 온 가족 영상도 함께 봤다. 장인어른은 어느새 그만 100세가 넘어버렸다고 웃으셨고, 가족들도 100세 노인이 워낙 많아서 이젠 장수라고 하지도 않는다고 농담했다.

꽃

그림은 '꽃'이 예약했다. 조금이라도 늦으면 꽃은 시든다.

내가 감기에 걸려 컨디션이 안 좋은데도 그림을 그리자 아들이 누가 예약이라도 했느냐고 물었다.

내가 '꽃'이 예약했다고 했다.

피어나는 꽃을 보고 감동하는 순간 그림으로 남겨야 한다. 조금이라도 늦으면 꽃은 시든다.

꽃이 피면 바로 그려야 한다. 공연히 지체하다 꽃 없는 가지만 만지작거리지 말라.

스트레스

우리가 인내심이 없다고?

요즘 젊은이들더러 인내심이 없다고 지적하는 사람들이 많다. 하지만 생각해 보자. 어렸을 때부터 셀 수 없이 많은 시험을 치르는 이들이 과연 스트레스가 없고 이를 견뎌낼 인내심도 없다고 말할 수 있을까? 문제는 다른 곳에 있다. 시험이 주는 스트레스는 크나 시험 외의 삶에서 받는 스트레스는 적다. 부모는 우수한 성적만 요구하고 그 외의 경우는 자녀를 과하다 싶을 정도로 사랑하고 챙겨준다. 이 때문에 인내심의 불균형 사태가 일어난다. 어느 날 사회에 발을 들여놓고 일과 삶의 문제를 동시에 대면해야 할 때, 무엇에 끝까지 책임지는 모습을 보여야 할까? 무엇을 잠시 내려놓아도 될까? 한 순간 중심을 잃으면 단번에 무너지고 만다.

묘비

살아있을 때 경쟁하면 됐지 죽어서도 경쟁해야 하나요?

돌아가신 어머니의 생신을 맞아 성묘를 갔다. 주변에 새로운 묘들이 많이 생겼는데 모두 비슷한 모습이었다. 묘지 관리원에게 땅을 더 많이 사면 더 큰 묘를 만들 수 있는지 물어 보았다. 그러자 관리원이 놀라며 말했다.

"땅을 더 많이 살 수는 있지만 아무리 큰 관이라도 크기는 비슷할 텐데요, 묘비도 그렇고요. 살아있을 때 경쟁하면 됐지 죽어서도 경쟁해야 하나요?"

사회생활
조미료

진열대

4

예의

세상에서 투자 효율이 가장 높은 것은
바로 '예의'다.

세상에서 투자 효율이 가장 높은 것은 바로 '예의'다. 호응하고, 인사하고, 문을 당겨주고, 자리를 양보하는 행위들은 즉각적으로 반향을 일으키기 어렵지만 시간이 흐르면서 좋은 이미지를 만들고 사회적 분위기를 바꿀 수 있다.

부모님에게 '사랑해요'라고 말하기 쑥스러운 것처럼 낯선 사람에게 친절을 베푼다는 것이 어쩌면 쑥스러울 수 있다. 하지만 예의는 모두가 갖춰야 하는 덕목이다. 나 자신부터, 가정에서부터, 오늘부터 예의를 실천하자.

마음의 거리

눈에서 멀어지면 마음도 멀어진다.

세상은 번영과 쇠퇴를 반복하고 사람은 변한다. 어렸을 때 친했던 친구를 수년 만에 타향에서 만났다고 상상해보자. 반갑고 따뜻하게 포옹할 수는 있지만 내가 포옹한 그 친구가 지금도 내가 알던 원래의 모습을 그대로 간직하고 있을까?

이때 친구가 나의 어깨를 붙잡고 앞으로의 계획을 늘어놓으며 동업이라도 하자고 한다면 어떻게 해야 할까? 어린 시절 함께 놀고 함께 혼나던 추억이 떠오르고 정에 이끌리더라도 신중해야 한다. 가족도 마찬가지다.

중국 소설가 첸중수(錢鍾書)는 소설 〈포위된 성〉에서 관계에 대해 재미있게 표현했다.

"귀성은 덜 익은 음식을 다시 데우는 것과 같다. 시간을 조금 더 들여서 삶아야 완전히 익는다."

소통

악담으로 상처를 주면 오뉴월에 서리가 내린다.

소통할 때 자존심에 상처를 주는 말은 하지 않도록 조심해야 한다. 하지만 안타깝게도 친한 사이일수록 조심하지 않고 거침없이 말하게 된다.

"넌 왜 그렇게 뚱뚱해?"

"너는 이것밖에 못 하니?"

"내가 못 살아. 누굴 탓하겠어!"

이런 말들은 비수가 되어 듣는 사람의 마음에 상처를 남긴다. 사실 그런 날카로운 말들은 더 나은 모습이 되길 바라는 마음에서 나온 말이기도 하다. '안타까움'이 독한 언어로 변하였지만 '안타까움'의 진짜 이유는 사랑하기 때문이다. 결국 사랑할수록 상처를 받을 수 있으며, 비수와 같은 말은 자신과 자신이 가장 사랑하는 존재를 다치게 한다. 아무리 가까운 사이라도 듣는 사람의 입장을 생각하여 말하는 지혜가 필요하다.

동창회

자신감을 갖고 당당하게 동창회에 가자.

졸업 후 변변치 못하게 살고 있는데 동창회 모임이 있다면?

대개는 동창회 약속이 잡히면 가기 전에 머리 손질도 하고, 예쁘고 멋있는 옷을 고르며 화장에 신경 쓴다. 동창회에 가서는 누가 어떻게 꾸미고 왔는지, 어떻게 살고 있는지 비교한다. 하지만 지금의 나를 받아들이고 자신의 본모습을 즐기자. 인생은 생각보다 길다. 오늘 변변찮은 모습을 보였을지 모르지만, 내일은 남의 이목을 끌 정도로 멋진 삶을 살고 있을지 모를 일 아닌가. 아주 잘 지내고 있는 동창들 사이에 껴 있어도, 인생이 뜻대로 풀리지 않는 시기에 놓였어도 담담하게 이야기 나누고 웃으며 즐겁게 보내는 모습은 어딘지 품격 있어 보인다. 현재의 자신에게 만족하며 자신감을 갖고 당당하게 동창회에 가자.

보답

가는 정이 있어야 오는 정이 있다.

무슨 일이든 당연하다고 여기지 말자. 태어날 때부터 나에게 빚진 사람은 없다. 그렇기에 '가는 정이 있어야 오는 정이 있다'는 말이 있는 거다. 그런데 어렸을 때부터 극진한 대접만 받았는지 보답할 줄 모르는 사람들이 있다. 친구가 조금씩 냉담해지고 멀어질 때까지 그 이유를 알지 못한다. 그러니 다른 사람에게 빚진 적은 없는지 잘 생각해보아야 한다. 내게 필요 이상으로 가지고 있는 것이 있다면 다른 사람과 나누면 어떨까? 나눔은 우리 삶을 더 행복하고 풍요롭게 만들어준다.

공감

세심하게 살피고 배려하면 원만한 대인 관계를 만
들 수 있다.

병문안도 노하우가 필요하다. 친구가 입원했다면 병문안에 앞서 친구가 현재 앓고 있는 병에 대해 알아두는 게 좋다. 친구를 보면 이렇게 말해보자.

"내가 자료를 찾아봤는데, 큰 문제는 없을 거래."

친구의 병세가 심각하거나 거의 가망이 없더라도 이렇게 말할 수 있다.

"내가 알아봤더니 이 분야가 곧 큰 진전을 이루나 봐, 어쩌면 이미 진전이 이뤄지고 있을지도 모르고. 그러니 걱정하지 말고 조금만 더 버텨봐, 꼭 괜찮아질 거야."

이런 말을 건넨다면 당신은 병문안을 간 사람 중 친구를 가장 기쁘게 한 사람이 될 거다. 나의 말 한마디가 친구의 마음에는 오랜 시간 새겨질 수 있음을 항상 생각하자.

선물

작은 것이라도 공평하게

연말연시에 가족에게 선물을 주는 일은 참 어렵다. 특히 대가족일 경우에는 누구에게 주고 누구에게 안 줘도 되는지 결정하려면 골치가 다 아프다. 내 친구는 명절에 가족과 친지들에게 나눠 줄 선물 보따리 두 개를 들고 고향에 간 적이 있다. 그런데 생각보다 더 많은 친척이 모이는 바람에 급히 선물을 더 사 와서 나눠주었다. 하지만 선물 증정이 끝나고 나서 누구 선물은 좋고, 누구 선물은 별로라는 불평이 들려왔다.

다음 해, 친구는 고향에 가기 전에 명단을 만들어 친한 정도에 따라 선물을 줬다. 그랬더니 선물을 받지 못한 사람은 받지 못한 대로, 받은 사람도 등급이 나누어졌다며 불만을 드러냈다.

그리고 다음 해, 친구는 선물 대신 식사를 대접했다. 모두 같은 음식을 먹고 마셨더니 이번에는 반응이 좋았다. 그뿐만 아니라 친척들이 너나 할 것 없이 답례에 나섰다. 나는 친구에게 이번 일을 계기로 어떤 것을 느꼈냐고 물었다.

"양이 적은 것이 문제가 아니라 공평하지 못한 것이 문제야. 똑같이 선물을 주지 못할 바에야 차라리 주지 않는 게 더 낫더군. 아랫사람에게 세뱃돈을 줘야 한다면 좋은 분위기를 위해서는 금액을 통일해야 해!"

모교에 보답하다.

스승에게 감사할수록 좋은 선물을 보내야 한다.

최근에 친구와 두런두런 옛날이야기를 나누는데 친구가 피식 웃으며 말했다.

"재미있는 일이 있었어! 얼마 전에 이제 막 초등학교 5학년이 된 아이가 집에 와서 '선생님께 선물을 드려야 해요'라고 하는 거야. 그 나이에도 선생님께 선물을 주는 게 당연하다고 생각하더라고. 이러다가 앞으로는 더 큰 선물을 한다고 하는 것 아냐?"

나도 최근에 은사님께 선물을 했다. 지난달 내가 졸업한 초등학교 선생님과 제자들에게 책을 세 권씩 보내고 도서관에 기부금도 냈다. 모교인 중학교와 고등학교에도 똑같이 기부했다. 선생님의 은혜에 감사함을 표하기 위해서였다. 내가 기부하여 세운 희망 초등학교* 중 몇 곳의 이름은 나의 은사님 이름으로 지었다.

좋은 선생님에게는 고마움을 표시해야 한다. 나쁜 선생님에게는 시정을 요구하고 부적절한 선물은 하지 않아야 한다. 그래야 좋은 선생님을 대할 면목이 있다. 선물은 졸업 후에 하는 것이 가장 좋다.

---

* 중국 빈곤 지역의 교육 사업을 위해 단체나 개인이 자금을 출연하여 건립한 초등학교.

벗어나고, 버리고, 끊어내고

좋지 않은 관계는 벗어나고, 버리고, 끊어내라.

사람들은 요즘 '끊어내고, 버리고, 벗어나라'고 많이 말한다. 한 마디로 '미니멀리즘'을 지향한다. 보통 우리 주변의 굳이 필요하지 않은 물건을 끊어내고, 버리고, 벗어나라는 말이다.

이를 우리 삶의 다른 측면에도 응용할 수 있겠다. 조금씩 멀어지고 엷어지길 바라는 관계가 있다면, 더 이상 그 사람과 교류하고 싶지 않다면 끊어내고, 버리고, 벗어나면 된다. 그런데 '끊어내고, 버리고, 벗어나는' 것보다 '벗어나고, 버리고, 끊어내는' 것이 더 순서에 맞는 느낌이다. 처음에 유지하던 거리가 조금씩 멀어져야 버릴 수 있기 때문이다. 그리고 버릴 수 있어야 끊어낼 수 있다. 인간관계에서도 마찬가지다. 불필요한 관계는 '벗어나고, 버리고, 끊어내야' 한다.

우울증

이해가 곧 치유다.

세계보건기구 통계에 따르면 세계적으로 약 2억 명의 사람들이 우울증을 앓고 있다고 한다. 대부분 사람은 살면서 언젠가 한 번쯤은 우울함을 겪는다. 우울증에 대해 약간이나마 지식을 쌓는다면 자신 또는 다른 사람의 평범하지 않은 행동을 이해하고 받아들일 수 있다. 그 사람은 왜 특별한 이유도 없이 약속을 어길까? 그 사람은 왜 별일도 없는데 무기력하고 온종일 잠만 잘까? 집에 있으면서도 왜 전화를 받지 않을까? 이런 행동은 일반적인 상식으로 이해하기 어렵고 우울증이 어떤 질병인지에 대해 알아야만 어떻게 소통해야 하는지 알 수 있다.

사과하지 않는 사람

사과하지 않는 사람은 열등감 때문일 수도 있다.

잘못을 저지르고도 잘못을 인정하거나 사과하지 않는 사람이 있다. 그들은 오만한 것이 아니라 오히려 열등감에 빠져 있는 사람들이다. 그들은 자신이 보잘것없는 존재라고 생각하고 사과를 하면 자신이 더 미미한 존재가 될 것이라고 여긴다. 또한 칭찬을 받은 적이 거의 없어서 자신의 잘못을 인정하면 자신이 인정받을 만한 것은 하나도 없다고 생각한다. 그런 사람을 만나면 먼저 공감하고, 격려하고, 칭찬하며 자신감을 키워줘야 한다. 자신에게 재능이 있다고 생각되면 자연스레 자신감이 생기고 대범해질 것이다. 우리도 알아야 한다. 실수했을 때 자신의 잘못을 인정하고 사과하는 것은 자신을 깎아내리는 것이 아니라 품격을 보여주는 것이며 용기 있는 행동이다.

눈과 휴대전화

상대방과 시선을 마주하자.

예전에는 아이들이 어른들과 어울리기를 꺼렸다. 어른들 사이에 있으면 심심했기 때문이다. 하지만 지금은 달라졌다. 고개를 푹 숙이고 휴대전화를 가지고 놀면 그만이다. 예전에는 차를 타면 눈을 어디에 두어야 할지 몰랐지만 지금은 휴대전화를 보면 된다. 파티에서 대화를 나누기 어려울 정도로 시끄러우면 술과 담배를 건넬 수밖에 없었지만 지금은 각자 휴대전화를 보면 그만이다.

어색한 상황을 피하도록 도와주는 것은 휴대전화의 장점이다. 하지만 눈이 마주칠 기회가 줄어드는 단점이 있다. 상대방과 시선을 마주하자. 이 어마어마한 정보를 담고 있는 더블 스크린을.

여조작

비난은 칭찬으로
칭찬은 겸손으로

나를 비난하는 사람에게는 오히려 그에게 칭찬을 더하고나를 칭찬하는 사람에게는 더욱 겸손히 자신을 낮추는 것이 지혜다.

또한 모두가 한 사람에게 화살을 겨눌 때 바른말을 함으로써 그의 편을 들어준다면 사람들은 조용히 탄복하고 나는 귀한 친구를 사귈 기회를 얻게 된다.

자율 주행

공중도덕을 지키지 않는 승객이 탑승한다면?

몇 년만 지나면 길거리에 자율주행차가 많아질 것 같다. 승객이 목적지를 입력하면 자율주행차가 목적지에 데려다주는 방식이다. 다만 자율주행차의 운행 조건에 승객이 반드시 공중도덕을 지켜야 한다는 항목이 있다면 좋겠다. 차를 탔더니 이전 승객이 남긴 쓰레기로 지저분하고 심지어 냄새까지 난다면 그 차를 계속 타고 싶을까? 그런데 탑승을 거부한다면 자율주행차 운영에도 지장이 생길 것이다. 나에게 좋은 생각이 있다. 자율주행차를 더럽게 함부로 쓰며 공중도덕을 지키지 않는 승객이 탑승하면 차 문이 자동으로 잠기고 경찰서까지 직행하는 거다.

기부금

기부에도 노하우가 있다.

딸이 내가 소장품을 기증했다는 뉴스를 보더니 자신도 졸업 후 돈을 열심히 모아서 기부를 하겠다고 해서 깜짝 놀란 적이 있다. 기부는 신중해야 하기 때문이다.

첫째, 내가 쓰고도 여유가 있어야 한다. 나와 가족을 잘 보살피는 것이 우선이다.

둘째, 기부에 의미가 있어야 한다.

셋째, 사실 그대로를 밝혀 믿음을 줘야 한다.

넷째, 무턱대고 따라 할 것이 아니라 상황을 정확히 판단해야 한다.

다섯째, 큰 결정을 내리기 전에 가족에게 의견을 구하라.

여섯째, 정당하지 못한 방법으로 명예를 얻고자 해서는 안 된다.

일곱째, 기쁜 마음으로 하되, 아쉬운 마음이 들어서는 안 된다.

여덟째, 충동적으로 해서는 안 된다.

아홉째, 지킬 수 없는 약속은 하지 말라.

열째, 타인에게 기부하라고 독촉하면 안 된다.

기부에도 노하우가 필요하다.

로마에 가면 로마법을 따르라.

나의 습관이 보편적인 기준은 아니다.

미국의 식사 예절에 따르면 식탁에서 음식을 집을 때는 다른 사람을 넘으면 안 되고 근처에 있는 사람에게 음식이 담긴 접시를 달라고 부탁해야 한다. 소금통, 후추통과 같은 작은 양념통도 마찬가지다. 하지만 다른 나라에서는 음식을 자신이 직접 덜어 먹지 않고 다른 사람에게 부탁을 하는 것은 식사에 방해가 되기 때문에 실례가 될 수 있다. 나라마다 저마다의 식사문화가 있으므로 자신의 습관을 보편적인 기준으로 삼으면 안 된다.

여행을 하는 사람이라면 다른 나라의 문화를 존중하는 법을 배워야 한다. 한편 다른 나라에 가면 그곳의 문화를 익히고 따를 수 있지만 그렇다고 자신을 부정해서는 안 된다.

기념품

모든 물건이 삶의 기념품이다.

여행할 때 빠뜨릴 수 없는 것 중 하나는 기념품을 사는 즐거움이다. 나중에라도 기념품을 보면 여행을 추억할 수 있기 때문이다. 그런데 꼭 여행지에서만 기념품을 구할 수 있는 것은 아니다. 할머니가 쓰시던 그릇, 할아버지가 생전에 앉으셨던 의자, 어머니가 사주신 옷, 아버지가 사 오신 꽃병, 거리에서 만난 개, 내가 사랑하는 나의 아이. 주위를 둘러보면 그 어느 것 하나 기념하지 않을 것이 없다. 집안의 여러 물건을 보며 추억을 떠올려 보자.

여행 성수기

위험이 당신에게 다가오지 않도록.

여행 성수기가 다가왔다. 모두의 즐겁고 안전한 여행을 기원하며 몇 마디 남기고자 한다.

첫째, 즐거운 추억을 남기기 위한 여행은 보고서 작성이 필요한 출장과 다르다. 정신없이 사진 수십 장 찍는 데 치중하지 말고 풍경과 경치를 눈으로 감상하고 아름다움은 마음에 남기자. 사진은 몇 장이면 충분하다.

둘째, 길가에 열린 자두는 쓴 법이다. 작은 이득을 찾으려다 큰 문제가 생길 수 있다.

셋째, 짐은 가볍게 하고, 낯선 사람을 조심한다.

넷째, 치안이 좋은 경우를 제외하고는 지도를 잘 살펴본 다음에 외출하자. 어리바리한 모습을 보였다가는 위험이 닥칠 수 있다.

다섯째, 잔돈은 꺼내기 쉬워야 하고, 큰돈은 나눠서 보관한다.

여섯째, 증명서는 사본을 보관해야 하며, 예비 안경을 챙긴다.

일곱째, 숙소에 가면 꼭 안전 지침을 확인하고 휴대전화를 곁에 두고 잔다.

캐릭터

리아오는 캐릭터가 강한 인물이다.

전쟁통에 태어난 리아오*는 세상의 기준에 구애받지 않고 자신의 신념을 지키고 실천하고자 했다. 그는 글을 통해 세상의 부조리를 신랄하게 비판하거나 풍자했다. 그토록 갖은 풍파를 겪고 80세가 넘도록 살았으니 대단한 일이다.

만약 리아오가 옛날에 살았다면 하고 싶은 비판이나 고언을 서슴지 않고 하다가 장렬하게 능지처참을 당했을 인물이다. 'character'라는 영어 단어가 있다. '성격', '기질' 정도로 번역할 수 있겠다.

리아오는 '캐릭터'가 강한 인물이다. 단점마저 독보적이라 그를 뛰어넘을 사람은 없다. 한때 그가 TV 프로그램에서 나를 비난한 적이 있으나 나는 이렇게 말했다.

"뛰어난 인물 리아오, 당신을 존경합니다! 당신의 주장은 당신의 색깔이 있으니까요! 당신의 길을 당당히 가세요!"

* 李敖, 중국 대만의 작가 겸 평론가이자 역사학자.

미로

지구에 있는 한 길을 잃을 일은 없어.

매번 길을 잃을 때마다 친구에게 그리고 나 스스로 이렇게 말한다.

"급할 필요 없어. 우린 아직 지구상에 있잖아. 지구에 있는 한 길을 잃을 일은 없어."

이 간단하기 그지없는 말을 모두에게 하고 싶다. 길을 잃거나 인생의 방향을 잃었을 때 이렇게 생각하자.

'이 세상에 살아있는 한, 길은 반드시 있어. 두려워하지 말고 한 걸음씩 나아가면 되는 거야.'

과대포장

체면 때문인지 허세를 부리는 건지.

체면 때문인지 혹은 허세를 부리기 위해서인지, 사람들은 종종 별 볼 일 없는 물건도 과대하게 포장하는 경향이 있다. 이러한 과대포장은 자원을 낭비하고 공간을 차지할 뿐만 아니라, 시간이 지나면 빛이 바래지고 벌레나 곰팡이가 생길 수도 있다. 물건 자체의 값어치는 얼마 되지도 않는데 포장비가 배로 들기도 한다. 깨끗한 음식도 포장에 오염되기 일쑤고 쓸모없이 버려지는 쓰레기만 늘어날 뿐이다. 따라서 포장은 정교하되 재활용이 가능하고 화려하지 않은 것이 좋겠다. 과대포장을 줄임으로써 자원도 절약하고 환경보호를 실천하는 분위기가 확대되면 좋겠다.

생각의 전환

융통성을 발휘하자.

화창했던 어느 날, 시력 검사를 하러 가기 위해 아내에게 운전을 부탁했다. 아내가 내비게이션에 주소를 입력한 후 안내대로 운전을 했는데 갑자기 목적지로부터 멀어지더니 길을 잃었다. 아내가 화를 내길래 내가 말했다.

"급할 필요 없어, 꼭 오늘 검사해야 하는 것은 아니니까. 왔던 길로 돌아 다시 집에 갑시다. 드라이브 한 번 했다 치고."

말을 마치자 양쪽의 풍경이 갑자기 환해지더니 조금 전까지 보이지 않았던 화려한 꽃과 신선한 녹색이 눈앞에 펼쳐졌다.

인생길에서도 융통성을 발휘해 보자. 마음속에 죽 뻗은 일방통행로만 두는 것보다 여러 갈래 길을 열어두면 뜻밖의 다른 세상을 만날 수 있다.

나의 모습

다른 사람이 나의 모든 면모를 봐주지 않아도
괜찮다.

누군가가 나에게 아티스트로서 어떤 마음가짐을 가져야 하는지 묻기에 나는 이렇게 대답했다.

"아티스트가 되고 싶다면 이 세상에서 나를 인정하거나 부정할 수 있는 사람은 오직 나뿐이라는 것을 알아야 해요. 온 세상이 나를 부정해도 나 자신에 대한 확신이 있는 한 나는 천재라고 말할 수 있답니다. 천재는 타인의 박수갈채보다 어제의 자신을 뛰어넘는 데 더 큰 가치를 두기 때문이죠. 천재는 뒤를 돌아보지 않고 앞을 향해 달려가기 때문에 사람들이 자신의 모든 모습을 보지 못해도 괜찮다고 생각해요."

실수

인생의 전반부는 실수하지 않으려고 노력하고, 후
반부에는 선한 일을 통하여 실수를 만회하며 살아
간다.

치과의사 친구가 퇴직하고 싶은 마음은 예전부터 있었지만 그럴 수 없다고 말했다. 미숙했던 젊은 시절에 환자의 치아를 잘못 처치한 경험이 있는데 아마 다른 치과 의사가 자신을 대신해 고쳐줬을 거라고 한다. 그래서 다른 병원에서 잘못된 치료를 받고 찾아온 환자를 보면, 차마 모른 척하지 못하고 또 사실대로 알려주지도 못하고 고쳐주고 있다고 했다.

말을 마친 그는 한숨을 쉬며 말했다.

"사람은 누구나 실수를 하잖아. 젊을 때는 미숙하니까 실수를 하지 않으려고 애썼다면, 이제 인생의 후반부에는 옳은 일을 하려고 노력하며 과거의 실수를 만회하고 싶어. 그리고 다른 사람이 실수를 저질렀을 때도 용서하며 관용을 베푸는 삶을 살아야겠지."

직장 코너

5. 사유의 랜덤 박스

6. 대인관계 통조림

7. 감정 공구

8. 실천 음료

사유의
랜덤 박스

진열대

5

도의

우선 '왕자'와 '공주'의 왕관부터 벗어라.

요즘 직장생활을 하는 청년들에게 걱정스러운 점이 하나 있다. 집에서 사랑을 듬뿍 받고 자란 그들은 학력은 높지만 자신의 직업에 진지하게 책임을 다하거나 사랑하지 않는다. 자신을 끔찍이 사랑하는 사람들이 주변에 존재하기 때문이다.

"밖에서 모욕당할 필요 없어, 기분 나쁘면 집으로 돌아와!"

걸핏하면 갑자기 회사에 나오지 않고 심지어 어머니가 직장을 찾아오기까지 한다.

한 번 사회에 발을 들여놓은 사람이 집에 가고 싶다고 가버리면 될까? 오늘날 의무 교육에서 무엇이 도의인 지를 가르쳐주면 좋겠다. 사회에 나와 일을 하고 싶다면 우선 '왕자'와 '공주'의 왕관부터 벗어야 하지 않을까.

002

첫 직장

첫 직장에서 연봉은 중요하지 않다.

직장을 구할 때 연봉이 선택의 중요한 조건이 되겠지만, 사회생활의 첫 발을 내딛는 디딤돌로서 업무를 배울 수 있는 곳이라 여긴다면 연봉을 너무 따질 필요는 없다. 직장을 학교의 연장선이라 여기면 새로운 것도 배우고 월급까지 받으니 얼마나 좋은가! 이런 마음가짐으로 일한다면 매사 즐겁고 신이 날 것이다. 게다가 일을 잘하면 당신을 놓치고 싶지 않은 사장은 승진의 기회를 주거나 연봉을 올려줄 것이고, 그런 일까지 없더라도 연봉을 주도적으로 협상할 수 있는 위치가 생기는 것이다. 만약 연봉을 올려주지 않으면 두 가지 길이 있다. 무엇을 개선하면 좋은지 스스로를 돌아보거나, 조건이 좀 더 좋은 곳으로 이직하는 것이다.

직장의 3대 곤경

배울 것이 없고, 관계를 만들지 못하고, 성과를 도
출할 수 없을 때.

취직은 했지만 연봉에 불만이 있는 청년에게 이렇게 말하고 싶다.

"자신의 능력을 믿는다면 연봉은 신경 쓰지 말아요. 지금은 당신이 필요해서 그 직장에 다니고 있으니 자세를 낮춰야지요. 하지만 앞으로 회사가 당신을 꼭 필요로 할 테니 연봉 걱정은 안 해도 됩니다."

어떤 직업이든 일을 하면서 배우고, 관계를 쌓고, 재능을 발휘해야 한다. 만약 배울 것이 없고, 관계를 만들지 못하고, 성과를 도출할 수 없다면 곤경에 빠진 것이다. 이런 직장은 연봉이 아무리 높아도 미련을 가질 필요가 없다.

004

화가 날 때

임금이 초 단위로 계산되고 있는데 화낼 필요가 있
을까?

백화점에 갔는데 어느 노부인이 점원을 향해 이것저것 지적하며 화를 내고 있었다. 그런데 점원의 인내심이 대단했다. 덩달아 화내지 않고 평온한 말투로 천천히 해명하는 것이었다. 그러다가 그 점원이 더 이상 노부인을 상대하지 않았고 다른 점원이 상황을 이어받았다. 업무 교대 시간이 되었기 때문이었다.

고객이 점원에게 화를 내는 일은 심심치 않게 일어난다. 그런데 생각해보니 그 점원이 당한 일은 그날 업무의 일부고 점원으로서 고객을 이기기란 쉽지 않다. 그 노부인은 30분간 불평을 쏟아냈고, 점원도 30분간 고객응대를 한 것이다. 이런 저런 일을 겪게 되는 직장에서 느끼는 속상한 기분을 집까지 가져가거나 화를 낼 필요는 없다.

맞교환

나의 지혜, 노동력, 생명을 주고 보수를 받는 것.

회사가 주는 급여는 나의 지혜와 노동력 그리고 생명과
맞바꾼 것이다.

　그 각각의 비중이 삼분의 일 정도를 차지한다면 그런대
로 괜찮다. 하지만 생명이 반 이상을 차지하면, 희생할 만
한 가치가 있는지 다시 한 번 생각해야 한다. 보수의 많고
적음으로 내가 이 직장에 남을지, 아니면 떠날지를 결정하
면 안 된다. 조금 더 나은 보수가 나의 건강 또는 앞으로
10년이나 20년의 인생과 맞바꿔야 하는 것은 아닌지 생각
해야 한다.

006

분업

직업에는 귀천이 없다.

허리 통증이 있어 안마를 받으러 가면 안마사 선생님과 두런두런 이야기를 나눈다.

어느 날 안마사 선생님이 내게 말했다.

"다른 사람 안마해줄 시간은 없어도 선생님이라면 없는 시간도 만들어서 안마해 드리죠. 다른 사람은 저를 안마나 하는 사람 정도로 생각하지만 선생님은 저를 친구로 생각하니까요."

내가 말했다.

"모두 다 친구 아닙니까! 직업에 귀천이 어디 있습니까. 그저 분야가 다를 뿐이죠. 길거리를 깨끗이 청소하는 환경미화원과 지식을 전달하는 교수는 별반 다르지 않습니다. 각자 자기 일을 할 뿐입니다. 직급에 높고 낮음은 있지만 사람은 모두 평등합니다. 필요한 일을 나누어서 분업을 하는 것과 같죠. 부하 직원을 무시하는 사장이나 자격지심에 자신의 직업을 사랑하지 않는 이들은 가여운 사람들입니다."

007

긍정적 사고와 부정적 사고

긍정적으로 생각하는 사람은 다른 사람의 도움을
소중히 여기고 감사할 줄 알지만, 부정적으로 생각
하는 사람은 남에게 책임을 전가한다.

부정적인 사람은 이렇게 말한다.

"모두 한가하게 쉬는데 왜 나만 바빠?"

긍정적인 사람은 이렇게 말한다.

"내가 중요한 직책을 맡았으니 당연히 다른 사람보다 바쁘지."

부정적인 사람이 말한다.

"산 지 얼마 안 된 새 바지였는데 넘어져서 구멍이 났네! 아우 짜증 나!"

긍정적인 사람은 이렇게 말한다.

"상처가 날 뻔했는데 바지 덕분에 안 다쳤네."

긍정적으로 생각하는 사람은 다른 사람의 도움을 소중히 여기고 감사할 줄 알지만, 부정적으로 생각하는 사람은 남에게 책임을 전가한다.

'절대' 법칙은 없다.

최선을 다했다면 그것으로 만족해야 한다.

그 학교가 아니면 절대 진학하지 않고, 그런 여성 또는 남성이 아니면 절대 결혼하지 않고, 그런 인생이 아니면 절대 살고 싶지 않고, 그런 일 아니면 절대 하지 않을 거라고 잘라 말하는 것은 무지함과 오만함을 보여줄 뿐만 아니라 자신에게 족쇄를 채우는 것이다.

영원한 것이 없는 세상을 사는 우리가 무엇을 근거로 그것이 아니면 절대 안 된다고 말할 수 있을까? 하루하루 최선을 다했다면 그것으로 만족해야 한다.

귀인을 많이 만나는 이유

감사하는 마음이 더 많은 귀인을 부른다.

가난한 집 출신에 학력도 높지 않지만 언제나 주변 사람의 도움을 받아 사업이 크게 성공한 친구가 있다.

　　그는 타고난 운이 좋다기보다 귀인을 만난 덕분이라고 말한다. 예전에 점원으로 근무하던 그는 상점에 들어오는 손님 한 명 한 명을 귀인이라고 생각했다. 나중에 사장이 되었을 때는 회사의 관리자, 동업자, 부하 직원을 만날 때마다 마음속으로 '이 사람 역시 나의 귀인이다!'라고 생각했다고 한다. 상대방을 귀인이라고 믿고 그에게 감사하는 마음과 겸손한 태도가 더 많은 귀인을 찾아오게 했던 것이 아닐까?

귀인

다른 사람의 성장을 도와주면 나도 성장한다.

한 친구가 젊은 시절 창업할 때 청년을 많이 채용했다. 그런데 오늘날 그들은 모두 고위급 책임자나 지사장이 되었다. 나는 친구에게 "자네가 그 사람들에게는 귀인"이라며 칭찬을 하자 친구가 웃으며 말했다.

"그들이 나의 귀인 아닐까? 그들이 없었다면 지금의 내가 어떻게 있겠어? 사실 엄밀히 말하면 그들이 나의 귀인이 되도록 했지."

다른 사람의 성장을 도와주면 나도 성장한다.

해고

사장이 나를 해고하면 내가 그 사람을 잃는 것이
아니라, 그가 나를 잃는 것이다.

어느 날 사장이 나에게 회사를 떠나라고 한다면 그는 더이상 나의 사장이 아니다.

나는 자유의 몸이 되고 앞으로 더 새로운 길이 내 앞에 펼쳐진다.

자유는 내가 새로운 출발과 선택을 할 수 있다는 뜻이다. 이때 시야를 넓히기 위한 활동을 하지 않거나 자기계발에 매진하지 않고 실의에 빠진다면 진짜 실패자가 된다.

사장이 나를 해고하면 내가 그 사람을 잃는 것이 아니라, 그가 나를 잃는 것이다.

재기

현재에 살아야 현재를 장악할 수 있다.

한 친구가 사업이 망한 후 호화주택에서 허름한 집으로 이사를 했는데도 전혀 주눅 들지 않고 여전히 당당했다.

그를 칭찬하자 그는 웃으며 이렇게 말했다.

"닭이 봉황이 되지 못했다고 슬퍼할 필요는 없어. 지금 먹을 수 있는 것이 무 뿌리밖에 없다면 맘 편히 무나 맛있게 먹으면 돼. 굳이 지금 먹지도 못하는 스테이크 생각에 빠져 있으면 뭐 하겠어? 현재 자신이 처한 상황을 파악하고, 받아들이고, 만족할 줄 알아야지. 그래야 이겨내고 다시 일어설 수 있지 않겠나."

2년도 안 돼서 친구는 재기에 성공했다.

분석

분석을 통해 개선된다.

탁구 고수와 혼합 복식 탁구 경기를 본 적이 있다. 경기 중 한 선수가 연달아 실수를 범하자 또 다른 선수가 속도를 낮추더니 그에게 조용히 속삭였다.

"무엇을 잘못했는지 비난하고 있을 거야."

내가 이렇게 말하자, 옆에 있던 전문가가 즉시 내 말을 바로잡았다.

"비난이 아니라 분석을 하고 있겠지!"

얼마나 훌륭한 말인가! 비난은 실패의 책임을 상대방에게 떠넘기는 행위이지만 분석은 개선할 방법을 찾는 과정이다. 전자는 소극적이고 후자는 적극적이다. 우리도 동료, 친구, 부부, 부모와 자녀 사이에 위기를 만났을 때 비난이 아닌 분석을 통해 문제를 개선해 나가야 한다.

취업을 위한 네 가지 제안

전공을 살리되 급여가 너무 적으면 안 된다.

좋은 제도가 있어야 하고 동료가 젊어야 한다.

첫째, 전공을 살릴 수 있는 곳이 좋다. 입사를 하면 다시 처음부터 배우겠지만 대학에서 배운 내용과 전혀 관계없는 분야에 취직했다면 지난 시간을 낭비한 것이다.

둘째, 돈이 가장 중요한 가치는 아니지만 급여가 너무 적어도 안 된다. 돈은 상대방이 나를 얼마나 중시하는지 알려주는 척도 중 하나이기 때문이다.

셋째, 회사에 좋은 복지제도가 마련되어 있어야 하고 휴가, 상벌 규정이 명확해야 한다. 성장을 모색하는 기업은 훌륭한 제도를 갖추고 있다.

넷째, 동료의 연령대도 중요하다. 사원의 연령층이 높은 기업이 젊은 사람을 채용했다면 잡무에 시달릴 가능성이 있다. 또한 동료들을 따라 노화될 수 있다.

젊은이에게 중요한 것

눈앞의 수밖에 읽지 못하는 바둑 기사는 대국에서
승리할 수 없다.

돈을 뜻하는 한자 '전(錢)'은 참 묘한 글자다. 부수 '쇠 금(金)'을 조개를 의미하는 '패(貝)'로 바꾸면 '미천할 천(賤)'자가 된다. 또 물을 의미하는 '수(水)'로 바꾸면 '얕을 천(淺)'자가 되고, 나쁠 '대(歹)'로 바꾸면 '잔인할 잔(殘)'자가 된다.

돈을 많이 벌 수 있는 일과 전도가 유망한 일이 항상 같은 것은 아니다. 나이가 많은 사람에게는 남은 미래가 얼마 없기 때문에 물질이 우선시 될 수도 있다. 하지만 젊은 이들이 물질을 우선시하는 것은 생각해볼 일이다. 좀 더 인생을 멀리 내다보는 안목이 필요하다. 돈을 버는 일과 전도가 유망한 일이 다를 수 있지만 장래가 밝으면 '재물'도 따라온다. 당장 눈앞의 수밖에 읽지 못하는 바둑 기사는 대국에서 승리할 수 없다.

'노화 기업'

철밥통도 녹슨다.

젊은 당신이 직원들의 연령층이 높은 기업에 들어간다면 그들에게 활력과 새로운 관념을 불어 넣어줄 책임이 있다. 당신이 그 기업의 주요 책임자라면 젊은 신입 사원을 채용하고자 노력해야 한다. 아침 9시부터 저녁 5시까지 폐쇄적으로 운영되는 기업은 언젠가 도태된다. 노인은 청년에게 의지해 시대를 따라가야 하고, 젊은이는 재능을 발휘할 수 있는 일을 찾아야 한다. 그렇지 않으면 철밥통이라도 녹이 슨다.

명문대 출신

명문 학교 졸업장도 '유효기간'이 있다.

친구가 회사에 인력이 부족하다고 해서 명문 학교를 갓 졸업한 사람을 소개해주었다. 그런데 친구는 다른 평범한 사람을 고용했고 이후에 나에게 다음과 같이 해명했다.

"우리 회사는 인력을 활용하는 곳이지 훈련시키는 곳이 아니라네. 풋내기를 데리고 있을 시간도 없거니와 그들은 잠깐만 근무하다 이직하거나 곧 해외로 유학 간다고 할 걸."

내가 말했다.

"하지만 자네가 고용한 사람은 근무 경력은 있지만 이 분야는 아니지 않나."

친구가 웃었다.

"그게 무슨 상관인가? 직장 경험이 있다는 것만으로도 아주 달라지지. 적어도 하늘이 높은 줄은 알잖아."

20대, 졸업장은 당신의 이력이 된다.

30대, 업무 경력이 당신의 이력이다.

40대, 사업 성과가 당신의 이력이다.

일류 대학을 졸업했다고 해도 졸업장 한 장이 과연 몇 년이나 유효할까? 시대 변화에 발맞추어 성장할 수 없다면 사회에서 도태된다.

본연의 업무

훈련과 유지관리도 업무의 일환이다.

친구 중에 평범한 대학을 졸업했지만 20년이 넘도록 승승장구하는 사람이 있다. 처음엔 명문 대학을 졸업한 인재들이 그 친구보다 대단해 보였지만, 나중엔 명문대 졸업생들이 그의 부하 직원이 되어 있었다. 그가 성공할 수 있었던 비결이 무엇일까 물어보았다.

"두 사람이 나무를 벤다고 생각해 봐. 한 사람은 필사적으로 끊임없이 톱질을 하고, 다른 한 사람은 가끔씩 톱을 멈추고 쉬면서 톱을 손질하는 거야. 나는 후자에 속해. 명문 대학을 졸업한 천재들은 유명한 공장에서 나온 좋은 톱과 같아. 처음엔 아주 예리하지만, 관리를 해주지 않으면 날이 무뎌지고 잘못하다가는 영원히 폐기되지. 요즘 같은 시대에는 마냥 열심히 일한다고 능사가 아니야. 훈련과 유지 관리도 업무의 일환이야."

선을 지킨다는 것

앞으로 가야할 더 먼 길이 있다.

나는 매일 저녁 아내와 산책을 한다. 오늘은 평소에 가던 목표 지점의 반도 이르지 않았지만 아내에게 돌아가자고 했다. 오후에 그림을 그리다가 허리를 조금 다쳤기 때문이다.

집으로 돌아온 후 아내는 내가 괜찮아 보인다고 했다. 정말 작은 부상이라 많이 아프지는 않았으나 선을 지켜야 했다. 내 몸과 가족, 내 꿈에 책임져야 하기 때문이다.

오늘 무리해서 멀리 가지 않은 건 앞으로 더 먼 길을 가야 하기 때문이다. 가족과 일을 사랑하는 만큼 열심히 사는 데도 선을 지켜야 한다.

도전

수명이 길어진 만큼 시험의 기회도 많아졌다.

인생은 끊임없는 도전의 연속이다. 사람들의 수명은 길어졌고 시험도 많아졌다. 그렇기에 예전보다 가벼운 마음가짐으로 시험에 임해야 한다. 지금 있는 곳이 나를 받아주지 않아도 나를 받아줄 곳은 반드시 있다. 이번 시험에서 아쉬운 성적을 거두었다면 다음에 다시 도전하여 시험을 통과하면 된다. 열심히 노력하자. 오늘 이기지 못했다면 내일 이기면 된다.

직업병

고통을 감수하지 않으면 남을 뛰어넘지 못한다.

나는 직업병에 불만이 없다. 만약 미리 직업병에 걸릴 것을 알았다 해도, 내가 하고자 하는 일을 피하지 않고 했을 것이다. 직업병이 생겼다면, 그것은 내가 내 일에 최선을 다했음을 반증하는 것이라고 생각한다. 남들보다 뛰어난 성과를 원한다면, 그만큼 나의 에너지를 쏟아 붓고 그에 따른 고통과 희생을 감내해야 한다. 최선을 다하지 않는데 결과가 좋을 수 없다. 물론, 죽을 각오를 한 노력은 몸을 상하게 할 수도 있다.

지름길

지름길이 가기 좋았다면 진작 큰길이 됐을 거다.

민간요법을 맹신하는 사람들은 다른 치료 방법은 소용 없고 오직 그것만이 희망이라고 말한다. 민간요법을 전적으로 믿게 되면 정식 치료를 거부하는 경우도 있다.

자신에게 '기적의 치료법'이 있다고 홍보하는 사람에게 말하고 싶다.

"그렇게 영험한가요? 어서 노벨상을 신청해요!"

지름길로 갈 수 있다고 말하는 사람에게는 이렇게 말하고 싶다.

"지름길이 정말 좋다면 진작 지름길이 아니라 대로로 만들어졌겠죠."

대인관계
통조림

진열대

6

023

인맥

월급이 1만 위안[*] 이하면 대인관계 확장에 이용하
라.

[*] '1만 위안'은 한화로는 약 180만원에 해당하는 금액이다. 참고로 중국 대졸자 평균
초봉은 평균 5,825위안(109만원) 정도로 조사되었다. (2021년 베이징대학 '전국 대졸
자 취업현황 조사' 광명일보)

한 유명 기업가가 이런 충고를 한 적이 있었다.

"대학 졸업생의 월급이 1만 위안이 되지 않으면 저축에 급급하지 말고 대인관계 확장에 써라. 부족한 부분은 부모님에게 부탁할 수도 있다."

그의 말은 저축을 강조하는 전통적인 관념과 상반된다. 이 기업가의 말을 듣고 나는 거문고를 부쉈던 당나라 시인 진자앙(陳子昂)**이 떠올랐다.

기업가는 또 다른 예를 들었다.

"젓가락 한 쌍으로는 10분 동안 백 개의 콩이라도 너끈히 집을 수 있지만 과연 젓가락 하나로는 몇 개를 집을 수 있을까요?"

그의 말은 아마도 집에 가만히 있기보다는 나가서 또 다른 젓가락을 찾으라는 뜻일 테다.

6
대인관계 통조림

** 진자앙은 중국 곳곳을 돌아다녔지만 자신의 시와 글을 알아주는 이가 없어서 개탄하였다. 어느 날, 거문고를 비싼 값에 파는 이가 나타났는데 진자앙은 그 거문고를 사서 주변에 있던 사람들에게 다음 날 거문고 연주를 들려주겠다고 했다. 다음 날 관중이 모이자 자신은 글에 자신 있으나 알아주는 이는 없고, 거문고 연주는 모두의 귀를 더럽힐까 걱정된다며 돌연 거문고를 부순 후 자신의 시를 나눠줬다. 그 일을 계기로 진자앙의 시는 널리 알려지게 되었다.

024

인사 내정

공식적인 발표가 있기 전까지는 비밀로 유지하자.

만약 직장에서 자신이 승진 대상자라는 사실을 알게 된다면, 공식 발표 전까지는 비밀로 유지하는 것이 좋다. 자신이 승진될 것이라는 소식을 주변 사람들에게 알리면, "왜 그 사람이 아니라 당신이지?"라는 의문을 갖는 사람들이 생길 수도 있다. 그러다가 공식 발표 때 자신이 아닌 다른 사람으로 승진이 결정되는 상황을 목격할지도 모른다. 아직 확정되지 않은 직위라면, 전혀 관련 없는 사람이 그 자리를 차지할 가능성도 충분하기 때문이다.

이는 자신의 능력이 부족해서도 아니고 실력 있는 동료가 없어서도 아니다. 주변 사람들이 공격적으로 문제를 제기하거나 인정에 호소하는 경우가 많고, 상사도 부하 직원들에게 밉보일 수 없기 때문이다.

즐거운 직원

각박한 사장 아래서는
행복한 직원이 있을 수 없다.

식당에 갔는데 그곳 직원들은 서비스가 아주 좋았고 손님과 웃으며 이야기도 나눴다. 같이 갔던 친구는 뭔가 알았다는 듯이 고개를 끄덕였다. 내가 왜 그러는지 물어봤다.

"이 가게 사장님은 직원들에게 잘해주나 봐."

내가 그렇게 생각하는 이유를 묻자 이렇게 대답했다.

"직원들을 홀대하는 사장이 운영하는 가게에는 이렇게 즐거운 분위기를 유지할 수 없거든. 식당뿐 아니라 어느 회사를 가든 들어선 지 1분 만에 그 사장이 선량한지 아닌지 알 수 있어. 상급자의 덕행은 부하 직원들의 표정에서 뚜렷하게 드러나거든."

회신

회신은 간단명료하되 에티켓을 지켜야 한다.

요즘 청년들은 회신할 때 습관 때문인지 아니면 무언가에 쫓겨 바빠서인지 고작 한두 마디로 짧게 답변을 주는 경우가 많다. 하지만 그마저도 뜻이 불분명하다. 무언가를 보내달라고 요청 하면 '메일 받았습니다'라고 회신한다. 정확하게 보냈다는 것인지, 안 보냈다는 것인지 한 번 더 묻고 싶은 생각이 든다.

나이가 있는 사람 중에도 비슷한 고질병이 있다. 예컨대 어떤 베이징 사람들은 내가 무슨 말을 해도 만담이라도 하듯 '간칭(敢情)*'이라고 재빨리 대답한다. 게다가 그 중 '칭'은 발음도 제대로 하지 않고 대충 내뱉다가 도로 삼켜버린다. 내 생각에 동의한다는 것인지 아닌지 알 수가 없다.

누구나 자주 쓰는 말 중에 '괜찮아'라는 대답이 있는데, 때때로 어떤 의미로 대답한 건지 헷갈린다. '응, 좋아' 또는 '아니, 거절할게' 등으로 조금 더 분명하게 대답하면 어떨까?

* 敢情 '당연히, 본래' 등의 뜻.

사직

시원스럽게 퇴사하고, 아름답게 떠나자.

지금 직장에서 인정받고 성공하여 날개를 단 듯이 승승 장구하고 있다 하더라도, 예전의 미숙한 자신을 채용하고 이끌어주었던 윗사람에 대한 고마움을 잊지 말고 좋은 관계를 유지하는 것이 좋다.

함께 출발선에 있던 동료들이 조금 뒤쳐져 있다면 여유 있게 기다려주고, 주위 사람들이 자신을 칭송할 때는 믿고 격려해준 덕에 성과를 낼 수 있었다고 감사와 존경을 표하자.

독립을 할 때도 떠나는 뒷모습이 아름다워야 한다. 누군가 내 등에 화살을 쏘지 않도록, 모두가 나의 가는 길을 열어주고 박수를 쳐주도록 해야 한다.

사족

상대방이 고마움을 안다면 얼마나 희생했는지는
강조할 필요가 없다.

사장이 임금을 인상하기로 한 것 같으면 직원은 더 이상 임금 인상을 요구하지 않아도 된다.

사장이 모두 고생했다고 말할 때 자신이 얼마나 고생했는지를 더 강조할 필요는 없다.

상대방이 나의 수고를 알아주고 고마움을 느끼고 있다면 자신이 무엇을 얼마나 더 수고했는지 언급하지 않는 것이 지혜이다.

이는 누구에게나 필요한 심리전이다.

괜히 사족을 붙였다가 오히려 역효과가 날 수도 있다.

첫인사

값비싼 선물은 받아야 할까?

미국의 대학교에서 강의를 할 때 대학원 동료에게 하소연했던 내용이다.

"미국의 팁 문화가 너무 번거로운 것 같아."

동료는 웃으며 의외의 말을 했다.

"번거로울 게 뭐가 있어? 서비스의 좋고 나쁨에 따라 깔끔하게 계산해서 주면 되잖아. 미국으로 유학 온 학생이 교수에게 주는 선물은 괜찮고? 처음 만나는 자리에서 값비싼 선물을 주면 받아야 할까, 받지 말아야 할까? 미국 학생들은 이런 광경을 보고 어떻게 생각할까?"

시간 약속

서양인과 동양인의 '시차'.

어떤 친구들은 약속 장소에 미리 도착하는 것이 성의를 나타내는 거라고 생각한다. 하지만 서양 사회는 다르다. 나를 초대한 사람이 약속시간을 6시로 정했는데 내가 약속시간 전에 방문하면 오히려 실례가 될 수도 있다. 6시 이전은 나와 약속한 시각이 아니기 때문에 내가 빨리 도착하면 상대방은 마음이 급해지고 자칫 그의 사생활을 침범할 수도 있다.

동서양을 막론하고 약속 시간을 지키는 것은 기본이다. 제시간에 얼추 맞추어서 도착하는 것이 가장 좋다. 늦을 것 같으면 초대한 사람이 불안하지 않도록 반드시 미리 연락을 하여 양해를 구해야 한다.

응답

때로는 재빠르게, 때로는 느긋하게

응답을 빨리해야 할 때도 있고 반대의 경우도 있다.

예컨대 물건을 판매할 때 상대방이 생각했던 것보다 높은 가격을 지불하겠다고 하면 바로 가능하다고 대답해야 한다. 물건을 산 사람이 너무 비싼 가격에 샀다고 생각하고 마음을 바꾸지 않기만 바랄 뿐이다.

반대로 난색을 표하며 너무 낮은 가격에는 팔 수 없다고 말해 구매자를 조급하게 만들었다가 느지막이 수락하면 상대방은 오히려 안심한다.

사업 수완이 좋은 사람은 자신도 돈을 벌지만 상대방도 손해 보지 않고 이득을 봤다고 느끼게 한다.

칭찬

칭찬은 타인을 빛나게 함과 동시에 나 자신도 빛나게 한다.

동료나 친구가 새로 산 예쁜 옷을 입고 내 앞에서 이리저리 서성인다면, 그것은 당신의 칭찬을 기대하는 것이다. 만약 보고도 못 본 척 한다면 그 이유는 무엇일까? 아마도 그 사람을 만족시키거나 더 빛나게 해주고 싶은 마음이 없어서가 아닐까?

타인을 칭찬하는 것은 관대한 마음을, 친절함은 수양을, 남을 돕는 것은 경지를 보여준다.

칭찬은 기쁨을 나타내는 표현이며, 좋은 관계의 시작이다. 타인을 빛나게 함과 동시에 나 자신도 빛나게 할 수 있다.

부당한 일을 당했을 때

표현하지 않으면 더 절망적인 결과를 가져올 수도 있다.

사람들은 '내부인'보다 '외부인'에게 잘해주는 실수를 범하기 쉽다. '내부인'은 영원히 자신과 함께 할 거라는 생각 때문이다.

항상 그 자리에 있기 때문에 나의 가치를 잊는 사람들이 있다. 따라서 부당한 일을 당했을 때는 어렵더라도 표현하지 않으면 더 절망적인 결과를 가져올 수도 있다. 평소 화를 잘 내지 않는 조용한 성격이라도 가끔은 화를 낼 필요가 있다. 강하게 표현하지 않으면 깨닫지 못하는 사람에게는 따끔하게 이의를 제기해야 한다. 사람들은 부당한 일에 참지 않고 큰 소리를 내는 사람에게 함부로 하지 못한다.

NO라고 말하기

미움 받을 용기

'NO'라고 말하는 데는 노하우가 필요하다. 거절해야 할 때는 거절하고, 자신의 실력을 쌓아두고 필요할 때는 'YES'라고 말하는 것이다. 'NO'라고 말하기 겸연쩍어 어수룩한 모습을 보이거나 너무 쉽게 약속을 하면 오히려 존중받지 못한다.

자신감이 있는 사람은 미움 받는 것을 두려워하지 않고 당당히 'NO'라고 말한다. 하지만 자신감이 없는 사람은 미움 받는 것이 두려워 'NO'라고 말하지 못한다. 성공하는 사람은 자신만의 원칙이 있고 'NO'라고 말할 줄 알지만, 실패하는 사람은 'NO'라고 말하기를 두려워한다.

지혜롭게 말하는 사람

이성의 대시에 영리하게 거절하는 법

내가 직접 들은 두 이야기를 전하고자 한다. 몇몇 사람이 함께 출장을 가는데 그중 한 여성이 함께 간 남성에게 호감이 있었다. 식사를 마친 후 그 여성이 남성에게 조용히 말했다.

"밤에 내가 네 방문을 두드릴 수도 있으니 조심해."

그런데 남성의 대답은 예상 밖이었다.

"문을 여는 사람이 내가 아닐 수도 있으니 조심해."

또 다른 이야기가 있다. 역시 한 무리가 출장을 갔는데 접대하는 거래처 직원이 출장 온 여성에게 호감을 느끼고 말했다.

"저녁에 나가서 술 한 잔 하고 오시겠습니까?"(술을 한 잔 대접하겠다는 뜻)

그 여성이 뭐라고 대답했을까?

"제가 잠깐 자리를 비울게요. 저 없는 자리에서 편하게 담소 나누세요."

거절도 예술이다.

진심어린 사과

바로 잘못을 시인하면 무성의해 보일 수도 있다.

어떤 사람들은 사과를 하면 자존심이 상한다고 생각한다. 잘못을 인정하는 것이 얼마나 자신감 있는 사람인지, 얼마나 용기있는 태도인지 모르는 채 말이다.

개인적으로 실수했다면 개인적으로 사과하고, 공개적인 자리에서 실수했다면 공개적으로 사과해야 한다. 남에게 떠밀려 하는 사과는 진심을 느낄 수 없다. 바로 잘못을 인정하기보다 조금 시간이 지난 후 사과하면 반성하는 시간을 가졌음을 보여준다.

발언권

당신은 다른 사람의 몇 마디에 하려던 말을 포기하는 사람인가?

여럿이 이야기를 나눌 때면 '말 끼어들기' 상황이 자주 나타난다. 어떤 사람은 자신을 드러내기 위해 기어코 다른 사람의 말을 끊는다. 또, 다른 사람이 말을 하면 동의를 표하고 자신의 이야기를 덧붙이는 사람도 있다. 예컨대 내가 어떤 음식이 아주 맛있다고 말하면 바로 '정말 맛있어'라며 어디에서 먹어봤다고 덧붙인다. 그 사람은 나의 말을 뺏어 갔지만 나는 빼앗긴 느낌이 없다. 내 생각에 동의하면서도 자신을 드러냈기 때문이다.

또 상대방의 말을 끊고 자신이 하고 싶은 말을 다 하고 나서 이렇게 말하는 사람도 있다.

"방금 말 끊어서 미안해, 계속 말해!"

이뿐만 아니라 도중에 말이 끊겼을 때 '조금 전 말을 하다 말았으니 계속해'라고 말하는 훌륭한 사람도 있다. 자신이 어느 부류에 속하는지 생각해보길 바란다. 다른 사람이 몇 마디 했다고 원래 하려던 말을 포기하는 사람인가?

설 자리

박수칠 때 떠나라.

사무실에서 주목받지 못하면 아픈 척을 해서라도 병가를 내면서 자신의 존재감을 드러내려는 사람들이 있다.

　하지만 꾀병을 얼마나 오래 유지할 수 있을까?

　주변 사람들이 하루이틀은 불편하겠지만 며칠만 지나면 다른 누군가가 그 업무를 대신할 텐데 굳이 그 사람이 꼭 있어야 한다고 생각할까?

인내

일을 너무 크게 만들지 말고
조용히 해결되길 기다리자.

작은 벌레에 물렸을 때 약을 발라서 낫기도 하고 자연스럽게 낫기도 한다. 그런데 간지럽다고 계속 긁으면 염증이 생기고 진물까지 난다. 치료를 소홀히 하면 그 부위를 잘라내야 할지도 모른다.

자신이 속한 공동체 또는 가정에서 갈등이 생겼을 때는 일을 너무 크게 만들지 않도록 해야 한다. 갈등이 커지면 돌이킬 수 없는 상처를 만든다.

그러므로 작은 상처는 바로 효과를 볼 수 있는 묘약이 없는 한 자연스레 치유되도록 약간의 불편함을 감수하며 잠시 잊고 사는 것도 좋다.

여유

여유는 품격이고, 자신감이며, 예의다.

친구와 약속한 시각에 땀을 뻘뻘 흘리며 뛰어와서 문을 열고 들어오자마자 먼저 화장실로 달려가거나, 급하게 음식을 먹고 서두르는 인상을 준다면 상대방은 바쁜 데 불러내서 미안하다며 사과가 절로 나올 것이다.

상대방을 난처하게 하거나 마음을 불편하게 하는 것은 예의에 어긋난다. 마치 중요한 약속이 아니어서 미리 준비하지 않은 것처럼 보일 수도 있다.

따라서 급하게 약속 장소에 도착했더라도 들어가기 전에 자신의 모습을 한번 정돈하고 여유로운 모습을 보여야 한다.

똑똑함

관찰력이 뛰어난 사람은 다른 사람의 장점을 발견
할 수 있다.

당까마귀는 스키를 탈 수 있다. 라쿤은 초인종을 누를 수 있고, 피리새는 우유병을 열 수 있다. 친구가 감탄했다.

"작은 동물도 점점 똑똑해지는 것 같아!"

내가 말했다.

"사람도 점점 똑똑해지잖아? 새로운 촬영 기술이 생겨 예전에 발견하지 못했던 것도 이제는 다 포착할 수 있어. 똑똑하고 관찰력이 뛰어난 사람일수록 다른 사람을 더 많이 관찰하고 장점을 발견하는 거야. 그러면 서로의 차이점을 더 잘 이해할 수 있게 돼. 이건 사람뿐 아니라 모든 만물에 다 해당되는 거지."

팀워크

개인의 역량을 드러내기보다 팀을 승리로 이끌어
야 한다.

인생은 축구 경기처럼 기술, 체력, 팀, 운에 의존한다. 발로 차야 하고, 머리로 받아야 하고, 연기도 해야 한다. 여기저기 부딪치기 쉽고 종종 부상도 입는다.

새로운 기회를 만들거나 더 나아가기 위해 뒤로 물러나기도 한다. 기회가 오면 쟁취해야 하고, 최선을 다했지만 원하는 결과를 이루지 못했다고 해도 받아들여야 한다.

무엇보다 앞만 보지 말고 그라운드 전체를 살피는 안목이 필요하다. 개인의 역량을 드러내기보다 팀을 승리로 이끌어야 한다.

편안한 마음

마음 편한 것이 최고다.

탈세를 돕는 회계사를 고용하거나 재정적인 문제가 있는 사람과 금전 거래를 하는 것은 매우 위험하다.

또한 자신의 비밀을 타인과 공유하지 말자. 상대방이 자신의 비밀을 털어놓는다고 해서 덜컥 자신의 비밀을 알려줄 필요는 없다. 어느 날 갑자기 사이가 틀어져 나에게 등을 돌리면 그가 가진 카드가 나에게 불리하게 작용할 것이다.

내 삶을 위협할 수 있는 위험요소를 두지 말자. 이런 일들을 평소 미리미리 대비하는 것이 평화를 유지하는 한 방법이다.

마음 편한 것이 최고다.

미래

타인을 좋게 보는 것은 선한 마음이 주는 축복이
다.

타인의 과거나 현재를 인정하지 않거나 비난하더라도 그 사람의 미래 가능성까지 무시해서는 안 된다. 사람은 희망 속에서 살기 때문이다. 임종이 닥쳐온 환자도 기적을 바란다.

따라서 지금은 재기가 불가능해 보이는 사람이라도 그의 미래에 대해서는 긍정적으로 보아야 한다. 타인을 긍정적이고 희망찬 눈으로 바라본다는 것은 선한 마음이 주는 축복이다. 다른 사람을 위해 촛불을 밝혀주면 나 역시 촛불의 밝은 빛을 누리고, 다른 사람을 축복하면 나 역시 그 축복의 테두리 안에서 행복의 기운을 만끽할 수 있다.

어울림

화목하지만 휩쓸리지 않고 원칙을 지킨다.

나의 손자와 손녀는 집에서 바른말을 잘 구사한다. 그런데 친구들과 같이 있을 때는 말투가 달라져서 듣는 내가 어색하다. 알고 보니 친구들과 말투가 다르면 같이 어울리기 어려웠기 때문이었다. 나는 손자와 손녀에게 말했다.

"친구들과 어울리려고 그랬구나. 하지만, 때와 장소에 따라 어떤 말투를 써야 하는지 언제나 염두에 두렴."

처세에는 요령이 필요하다.

화합을 소중한 가치로 여기고 집단에 자연스럽게 융화되어야 하지만 원칙을 잊으면 안 된다.

아름다움을 위한 심리적 거리

아름다운 관계를 유지하는 비결

평소 직장이나 사회생활에서 인내심을 갖고 타인을 대하는 사람이 가족에게도 꼭 그런 것은 아니다. 유한한 인내심을 밖에서 이미 다 써버렸기 때문이다.

또한, 인정 많고 사랑하는 마음을 잘 표현하는 사람이 꼭 어울리기 쉬운 사람은 아니다. 자신이 잘 해준 만큼 타인에게도 기대하기 때문에 적절한 보답이 없을 때 불공평하다고 속으로 생각하며 불만이 쌓일 수 있다. 이런 사람에게는 혹시 빚진 것은 없는지 돌아보고 평소에도 적절한 거리를 유지하는 것이 좋다. 너무 붙어 다니지 말고 거리를 유지해야 아름답다.

점유욕

내가 오직 'YES'만 말하길 바라는 사람

내가 다른 사람에게는 'NO'라고 말하고 오직 자신에게만 'YES'라고 말하길 바라는 사람이 있다. 그런 사람은 내가 세상으로 나가는 길을 막고 심지어 나의 눈을 가려 하늘이 얼마나 큰지 알지 못하게 한다. 이런 잘못된 점유욕을 가진 사람들은 자신을 계발하지 않으면서 다른 사람의 길을 막는다. 그들은 내 주변에 있는 부모, 배우자, 친한 친구, 친한 상사일 수도 있다. 그들은 악의가 없고 심지어 나를 사랑한다. 다만 그들은 자신의 점유욕을 깨닫지 못하고 나의 일생에 해를 미친다.

생각해보자. 나는 길이 막힌 사람인가, 아니면 다른 사람의 길을 막는 사람인가?

관용

끝없는 관용이 능사가 아니다.

가까운 사이라도 금전 관계는 신중해야 한다. 친구라서, 푼돈이라는 이유로 계속 빌려주어서는 안 된다. 푼돈이라도 빌린 돈이 많아지면 친구가 오히려 나를 피하고 나를 만나기가 싫어질 거다.

회사에서 직원이 고의는 아니어도 실수를 반복한다고 생각해보자. 한 번, 두 번, 세 번 모두 나에게 사과를 한다고 해서 상황이 종료되는 것은 아니다. 내가 해야 하는 일은 문제점을 찾아 그 사람이 다시는 실수하지 않도록 도와주는 것이지 그의 끝없는 사과를 받는 것이 아니다.

끝없는 관용이 능사가 아니다. 그 사람에게 애정이 있다면 관심을 보이고 가르치고 문제를 해결하도록 도와야 한다. 친구, 직원, 가족에게 모두 마찬가지다.

감정 공구

진열대

7

감정

전화하기 전에 먼저 자신의 감정을 조절하기.

전화통화를 할 때 우리는 상대의 목소리를 통하여 지금 감정상태가 어떤지 짐작할 수 있다.

목소리는 감정과 환경을 반영한다. 시끄러운 환경에 있을 때 전화를 걸면 소리가 커지고 바쁠 때 전화를 걸면 말투가 급해진다. 그런데 상대방이 나를 그리워하는 나의 부모나 천진난만한 자녀일 수 있다. 나의 퉁명스러운 목소리는 의도치 않게 그들의 기분에 영향을 준다. 부모님의 안정적인 혈압이 상승하고 아이의 천진난만한 웃음이 사라질지도 모른다. 그러므로 전화하기 전에 먼저 자신의 감정을 조절하자. 그것은 다른 사람뿐 아니라 자신에게도 도움이 된다.

생각의 관점

머리를 잘못 잘라도 괜찮아.

미용실에서 머리를 잘못 잘랐다고 해서 너무 속상해하지 않아도 된다. 이럴 때는 이렇게 생각해보면 어떨까.

첫째, 내 마음에는 들지 않지만 다른 사람은 좋아할 수도 있다. 나의 새로운 헤어 스타일에 익숙해지면 나도 어느새 만족할 수 있다.

둘째, 머리카락은 계속 자라니까 조금만 참았다가 다음에는 다른 미용실에서 자르면 된다.

셋째, 다행히 아직 머리카락이 있다는 것.

어떤 일에 만족스럽지 않을 때는 다른 관점에서 생각해보자. 새로운 업무에 불만이 있어도 일단 일정 기간 해보면 손에 익고 심지어 재미를 느낄지도 모른다. 불만이 영 사라지지 않으면 직장을 바꾸면 그만이다. 능력만 있다면 처음부터 시작하면 된다.

051

우울증 극복하기

'이상이 너무 높으니까 좌절하고 우울증에 걸릴 수
밖에 없지.'

워커홀릭 친구가 우울증을 극복한 비결을 알려줬다.

"매일 아침 눈을 뜨면 이상을 이루지 못할까 봐 스트레스 받고 좌절감이 찾아왔어. 그렇게 우울증에 걸린 거야. 그러다 문득 이상이란 뭔지 생각해봤지. 이상은 당연히 현실보다 좋은 상황이야. 이상이 너무 높으니까 좌절하고 우울증에 걸릴 수밖에 없더라고. 난 항상 새로운 이상이 생겼고 나에게 불만이 쌓였어. 걱정 하나가 해결되면 새로운 걱정거리가 또 생기는 거야. 아무도 나를 압박하지 않았는데 내가 다 만들어 내었으니 누구를 원망하겠어?"

7

감정공구

행운

언제나 감사하면 더 많은 행운이 나를 찾아온다.

재미있는 동화가 있다.

고깃덩어리를 물고 길을 가던 개가 물속에 있는 개도 같은 고기를 물고 있는 것을 보고는 샘이 나 짖어댔다. 개는 결국 입속에 있던 고기를 잃고 말았다.

더 많은 행운을 쫓기 전에 우선 나에게 있는 행운을 지켜야 한다. 다른 사람의 행운을 질투할 필요가 없다.

언제나 감사하면 더 많은 행운이 나를 찾아온다.

053

즐거움

즐거운 인생을 위한 4대 법칙

즐거운 인생을 원한다면 몇 가지 법칙만 마음에 새겨두면 된다.

첫째, 언제나 만반의 준비를 하다가 좋은 기회가 오면 바로 잡는다.

둘째, 정크푸드는 적게 먹고 운동을 많이 한다.

셋째, 나에게는 엄격한 기준을 세우지만 타인에게는 관용을 베푼다.

넷째, 치밀한 계획을 세우고 필사의 노력을 하더라도 결과의 성패는 하늘에 달려있다는 것을 명심하고 순응한다.

원망

비관적인 생각에 붙잡혀 있어서는 안 된다.

삶이 힘들고 고달프다고 해서 슬퍼하거나 원망해서는 안 된다. 불평은 듣는 사람의 기분을 상하게 할 뿐만아니라 자신을 더 외롭고 무력하게 만든다. 마음에 원망이 가득하면 상황을 제대로 볼 수 없을 뿐 아니라 문제해결은 고사하고 더 꼬이게 할 뿐이다.

쓰러진 나무를 다시 일으키려면 먼저 가지와 잎을 잘라내야 하듯이, 낙망하여 넘어졌을 때는 포부나 생각, 기대와 같은 짐을 내려놓아야 다시 일어설 수 있다.

지금 시련을 겪는 사람은 마냥 비관적인 생각에 붙잡혀 있을 때가 아니다. 투사는 눈물을 흘릴 권리가 없으며, 개척자는 향수병에 걸릴 권리가 없다.

감정 다스리기

부정적인 감정을 숨길 수 없는 사람은 미성숙한 사람이다.

여기저기 하소연을 하며 동정표를 구하거나 부정적인 감정을 숨기지 못하고 그대로 표출하는 사람은 미성숙한 사람이다. 이런 사람들은 주변 사람까지 우울한 감정에 빠지게 하여 환영받지 못한다. 따라서 아무리 일이 뜻대로 되지 않더라도 긍정적인 생각을 하도록 노력해야 한다. 나쁜 일은 다 지나가고 내일은 더 희망적이라고 생각하자.

'힘든 일도 다 지나갈 거야. 하늘이 무너져도 솟아날 구멍이 있어.'

'나는 반드시 성공할 거야!'

평정심

위기를 만났을 때 더욱 빛나는 사람

적이 맹렬한 기세로 침입한다면 가장 먼저 해야 하는 일은 냉철하게 사태를 파악하는 것이다. 모두 눈물을 흘릴 때 그저 따라 울기만 해서는 안 된다. 눈물이 앞을 가리면 주변 상황을 제대로 볼 수 없다. 왼눈을 맞았다면 오른눈이라도 크게 떠서 그 다음 공격을 대비해야 한다.

폭발 사고가 일어났을 때 급선무는 비난이 아닌 피난이다. 집안의 가장, 공동체의 지도자, 기업의 리더라면 위기를 맞닥뜨렸을 때 불안한 모습을 보여서는 안 된다. 평정심을 유지하고 침착하게 대처하여 문제를 해결할 때 칭송과 존경을 받는다.

성공과 실패

실패해도 다시 일어서라.

계속 성공 가도를 달리다가 한 번 실패했다면, 당신보다 더 불행한 사람이 은근히 기뻐할지도 모른다.

"저것 봐! 저 사람도 저렇게 무너지는데 우리가 속상해할 필요가 있어? 우리가 저 사람을 이길 수도 있겠어!"

다른 관점에서 생각하면, 성공한 사람의 실패가 다른 사람에게 위로가 되기도 하는 것이다.

한 번 실패했다고 좌절하지 말고 훌훌 털고 일어나야 한다. 그 실패를 계기로 다시 일어서는 모습을 보인다면 다른 사람에게 또 다른 희망을 안겨줄 수 있다.

좌절

상대방이 엎어진 나를 경멸해도 개의치 않는다.

좌절을 만났을 때.

첫째, 우선 움직이지 않는다. 쓰러졌다면 급히 일어나지 말자. 엎어졌다고 상대방이 나를 경멸해도 괜찮다. 숨을 고르고 주변을 제대로 살핀 후 다음 단계를 결정한다.

둘째, 잘 먹고 잘 자야 앞으로 나아갈 체력을 충전할 수 있다.

셋째, 많이 운동하라. 특히 구직 면접이나 협상 전에 한 바퀴를 뛰고, 샤워를 하면 에너지가 달라지고 다른 사람에게 더욱더 긍정적이고 적극적이며 자신감 넘치는 이미지를 줄 수 있다.

존중

뒤에서 불평을 늘어놓지 말고
적극적으로 문제를 제기한다.

어느 날 제자가 찾아와 자신이 근무하는 회사 사장이 자신을 존중하지 않는다고 느낄 정도로 일만 시킨다고 하소연했다.

내가 물었다.

"사장 본인은 여유 있게 업무를 보나요?"

제자가 말했다.

"아뇨, 몸이 부서져라 일하세요. 하지만 사장님은 자기 회사니까 그렇게 하시겠죠."

내가 말했다.

"회사 오너라면 목숨을 걸고 사업을 운영하죠. 성격도 그에 따라 변합니다. 그는 자신이 힘든 줄 모르기 때문에 직원도 힘들지 않다고 생각하지요. 이런 사람은 보통 강하게 나가지 않으면 아무것도 모릅니다. 그러니 뒤에서 하소연하기보다 적극적으로 문제를 제기하는 것이 좋을 것 같습니다."

제자는 용기를 내어 말하러 갔다. 예상치 못한 문제 제기에 놀란 사장은 자신의 태도를 개선하겠다고 약속하고 제자의 임금까지 인상해 주었다.

인내

인내는 기회를 기다리는 것이다.

성공은 대부분 인내를 통해 탄생한다. 인내는 아무것도 하지 않는 것이 아니라 기회가 올 때까지 기다리는 것이다. 작은 일을 참지 못하면 큰일을 망친다. 인내할 줄 아는 사람은 장래를 내다 보고 참으며, 눈앞의 이익을 비교하거나 논쟁하지 않는다.

나의 경쟁 상대가 오랜 시간 인내하여 오늘과 같은 모습을 이뤘다고 생각해보자. 그는 참고 나는 참지 못한다면 어떻게 그를 능가할 수 있을까? 인내를 배워야 한다. 경쟁 상대가 어떻게 참는지 살펴보자. 마음속 칼은 오래 갈수록 날카로워진다.

조급함

멈추는 능력마저 소실되지 않도록.

조급함이 어느새 우리의 습관이 돼버린 것은 아닐까? 모든 열정을 다 쏟으며 생활하다가도 내려놓는 데 급급하다. 정신없이 회사 생활을 하다가 또 휴가를 보내느라 바쁘다. 마치 눈먼 파리처럼 정신없이 이리저리 날다가 부딪친다. 아무런 목적 없이 돈을 벌고 돈을 쓴다. 어깨가 쑤시고 눈이 아프도록 일을 했지만 시간이 나면 '휴식'이라는 이름으로 정신없이 게임에 몰두한다. 컵 안의 물을 계속 휘저으면 침전물이 어떻게 가라앉겠는가? 열심히 일을 하고 또 다리를 힘껏 놀리면 어떻게 휴식할 수 있는가? 더 이상 자신을 속이지 말고 잠시 멈추자. 멈추는 능력마저 소실되지 않도록.

단단한 사람은 원망하지 않는다.

남 탓? 내 탓!

누군가에게 속았다면 경계를 풀어버린 나 자신에게도 책임이 있다. 울퉁불퉁한 산길에서 넘어졌다면 조심하지 않은 자신을 탓해야 한다. 교통 체증 때문에 지각했다면 거리에 차가 많았다고 불평을 늘어놓는 것보다 여유롭게 준비하지 않은 자신에게도 잘못이 있음을 알아야 한다. 누 군가에게 속고, 험한 길에서 넘어지고, 차가 막혀 지각한 것은 이미 다 일어난 일이다. 남 탓만 하며 불평해봤자 아 무도 인정해주지 않는다. 단단한 사람은 원망하지 않는다. 그들은 남을 탓할 시간에 자신을 반성하고 툴툴 털고 일어 나 그 다음 행보를 고민한다.

063

생명

살아있는 한 다시 일어설 수 있다.

어느 날 문득 인생의 고비를 만나고 실패와 좌절로 일어설 힘이 없을 때는 한발 물러서서 생각해보자.

'괜찮아. 아직 쓸 돈이 있잖아.'

그런데 돈도 없어진다면 이렇게 위안 삼자.

'괜찮아, 아직 돈을 벌 재능이 있잖아.'

재능도 소용이 없으면 이렇게 자신을 위로하자.

'괜찮아, 아직 몸은 건강하잖아.'

건강마저 잃으면 어떻게 될까?

괜찮다, 이렇게 생각하면 된다.

'난 아직 살아 숨쉬고 있잖아.'

살아있다는 것, 생명에 감사해야 한다.

064

언쟁

불필요한 언쟁은 피하라.

사람들은 간혹 언쟁에 휘말려 불쾌함을 겪는다.

물론 언쟁이 필요할 때도 있지만 어떤 부류와는 언쟁이 필요하지 않다.

나이 차이가 많이 나는 선배 또는 후배와 언쟁을 해야 할까? 성장 배경과 가치관이 다른 사람과는 언쟁이 아니라 이해와 존중이 필요하다.

심리적 문제가 있는 사람과는 언쟁하지 않아도 된다. 그에게는 오히려 이해와 동정이 필요하다.

다른 사람과 불쾌한 일이 발생할 때마다 언쟁이 정말 필요한지 따져보고 불필요한 언쟁은 피하도록 하자.

미의 발견

풀밭의 노란 민들레꽃, 정말 아름답구나!

친한 친구가 반평생 딸의 학업을 위해 뒷바라지를 하였다. 얼마 전, 그의 딸이 마침내 미국에서 석사 학위를 받았고, 딸의 졸업식에 참석하기 위해 미국에 다녀온 친구가 흥분해서 말했다.

"미국 캠퍼스의 잔디밭에 노란 민들레가 엄청 많아! 얼마나 아름다운지!"

내가 말했다.

"민들레는 자네 집 근처 공원에도 많지 않나?"

그가 깜짝 놀랐다.

"그렇네! 왜 예전에는 보지 못했지?"

내가 말했다.

"예전에는 딸 유학 보내려고 돈 벌기에 바빴지, 쉴 여유가 어디 있었겠어. 짐을 내려놓고 홀가분해진 지금에야 세상을 보는 눈이 바뀐 거지."

질병과 실직

질병과 실직이 완전히 슬픈 것만은 아니다.

질병을 얻거나 실직을 했다고 해서 너무 낙심하거나 슬퍼하지 않아도 된다.

병을 발견하였다면 제때 치료하여 더 건강해질 수 있는 기회로 삼고, 일자리를 잃었다면 다른 활로를 모색할 수도 있기 때문이다. 곤고할 때는 뒤를 돌아보라는 말이 있듯이 자신의 건강을 돌보는 휴식의 시간을 갖거나 자신의 업무 능력에 대해 반성해보는 계기가 될 수도 있다.

병에 걸려도 치료시기를 놓치거나 쉬어야 하는데도 쉴 수 없는 상황, 일자리를 잃어도 자기를 돌아볼 줄 모르고 자기계발 할 시간을 갖지 못한다면 이것이 더 슬프고 절망적인 것 아닐까.

재기

실패와 빈곤은 반등할 힘을 불러일으킨다.

투자업계에서 유명한 말이 있다.

"저가를 반등시키는 것은 저가다."

이 이치를 적용하면 '실패한 사람을 성공시키는 것은 실패'고 '빈곤한 자를 부유하게 만드는 것은 빈곤'이다. 실패와 빈곤은 반등할 힘을 불러일으킨다.

가진 것이 없을수록 투자의 부담이 없고 배수진을 칠 수 있다. 홍콩 주식투자자들 사이에는 '투신지수(投身指數)'라는 말이 유행한다. 누군가 투신했다면 주식을 매수할 때가 되었다는 뜻이다.

골이 깊으면 산이 높은 법. 절망스러울수록 긍정적으로 앞을 바라봐야 한다. 그것이 바로 성공의 시작이다.

과일

과일 맛은 과일 자신만 안다.

껍질을 벗기지 않은 과일은 단지 달지 않은지 알 수 없다. 우리는 모두 과일과 같다. 겉으로 보면 예쁘장하고 먹음직하지만 그 안의 맛은 과일만 안다.

다른 사람의 과일이 얼마나 단지 가늠해 볼 필요도 없고 내 것보다 더 달다고 부러워 할 필요도 없다. 나는 나만의 것을 지키면 그만이다.

달콤할 때도, 쓴 맛이 느껴질 때도 있겠지만, 쓰든 달든 원망하지 말고 일생을 후회 없이 소탈하게 살아보자.

외로움

죽음은 영원히 알지 못하는 고독

학업을 위해 가족과 헤어져 타지에서 생활하면 고독할 때가 있다. 졸업 후에 취직하지 못해도, 사랑하는 연인과 헤어진 후에도 고독을 느낀다.

죽음이 얼마 남지 않았을 때 도움 받을 곳이 없다면 고독하다. 한편 죽음은 영원히 알지 못하는 고독과 같다.

실천 음료

진열대

8

인턴

젊어서 고생은 사서도 한다.

미국 학생들은 일찌감치 인턴 생활을 경험한다. 그들은 미래 구직 활동에 인턴 경험이 중요하다는 것을 잘 알고 있다.

인턴이 되면 돈에 얽매이지 않고 말단부터 궂은일을 가리지 않고 한다. 가정이 경제적으로 풍족하고 권세가 있더라도 기꺼이 몸을 굽힌다. 부모도 자녀가 스스로 성장하길 바라며 인턴 생활을 지지한다.

이러한 문화 덕분에 재학생들은 방학 때도 시간을 허투루 보내거나 방황하지 않고 풍부한 사회 경험을 쌓는다. 학생들이 이렇게 노력하니 교수들도 자기계발을 하지 않을 수 없고 그렇게 학교와 사회가 연계되어 움직이는 현상이 만들어진다.

071

일사천리

처음의 기세로 끝까지 해치워야 성과가 나타난다.

사람들이 성공을 거두지 못하는 이유는 실력이나 노력이 부족해서가 아니라 처음의 기세를 끝까지 유지하지 못해서다. 처음의 기세를 끝까지 유지하려면 무작정 용기만 내지 말고 한 단계 한 단계 긴밀하고 계획적으로 행동해야 하며, 단계마다 긴밀하게 이어지려면 시간 관리가 매우 중요하다. 또, 한 부분에 문제가 발생하면 모두 수포로 돌아간다.

　　시간관리와 꾸준함은 성공의 원천이다.

8
실천음료

공부

사냥감을 만난 후에 총알을 장전하면 대부분 이미
늦었다.

부동산 투자에 재능이 있는 사람이 있었다. 다른 사람이 여러 물건을 비교하며 머뭇거릴 때 그는 이미 다음 단계에 착수한다. 그가 멋있는 말을 했다.

"우선 전쟁터를 이해하고 진을 쳐야 합니다. 내가 손을 빨리 쓸 수 있는 건 사전에 충분히 공부하기 때문입니다. 사냥감을 본 후 총알을 장전하면 대부분 이미 늦습니다. 낯선 곳은 특히 더 신중해야 합니다. 급히 결정하는 것보다 세금을 더 내더라도 나중에 구매하는 것이 낫습니다. 수중에 주식이 없어도 항상 주가를 생각해야 하죠. 브로커보다는 가까운 이웃에게 물어보고 상담하는 것이 낫습니다. 지나가는 나그네보다 이웃이 저에게 더 진심어린 조언을 할 수 있으니까요."

073

응답의 속도

빠른 회신은 존중을 의미한다.

최근에 사업이 순조롭게 잘 풀리는 친구가 있었다. 그가 좋은 비서를 만났기 때문이다. 친구가 재미있는 말을 했다.

"예전엔 메일을 받아도 급한 일이 아니면 바로 회신하지 않았어. 그런데 이 비서가 내 메일을 관리하고 난 뒤로는 함께 차를 타고 가는 도중에도 나에게 물어보면서 회신을 하더라고. 한 달 정도 지나자 모두 내가 달라졌다고 했지. 물론 예전에도 항상 회신을 했지만 그렇게 빨리 한 적은 없었어. 지금 생각해보니까 회신을 얼마나 빨리 하는지가 상대방을 얼마나 존중하는지 보여주더군. 빠른 회신이 좋은 인상을 남겼던 것 같아."

선점

과감하고 용기 있는 사람은 희생할 수 있지만
두려워하는 사람은 희생할 기회조차 없다.

젊었을 때 TV 퀴즈 프로그램을 진행한 적이 있었다. 문제가 제시되면 두 팀 중 한 팀이 먼저 답을 맞히는 방식이었다. 그런데 한 팀이 답을 고민할 때 다른 팀은 이미 버튼을 눌렀다. 그들은 버튼을 누를 때는 답이 생각나지 않았지만 버튼을 누르는 2, 3초의 시간을 이용해 답을 생각했다. 답이 틀려도 감점만 될 뿐이니 상대방이 기회를 선점하는 것보다 나았다.

오늘날 성공한 사람은 종종 몽상가, 실천가, 모험가의 혼합체다. 기업 역시 직원들이 하늘을 날아다니는 몽상가의 아이디어, 착실히 노력하는 실천가의 기질, 어떠한 모험도 두려워하지 않는 모험가의 패기를 갖길 바란다. 과감하고 용기 있는 사람은 희생할 수 있지만 두려워하는 사람은 희생할 기회조차 없다.

8

실천 음료

075

출격

첫발에 명중하지 않아도 된다.

어떤 물건을 사기로 했는데 고민만 하다가 결국 사지 못한 경험이 있는가?

물건을 고르는 재능이 없어서가 아니라 눈이 너무 높아서가 아닐까. 너무 생각을 많이 하다 보니 선택을 할 수 없는 것이다.

진로를 결정할 때도 마찬가지로 갈등하느라 선택하기를 어려워한다.

아직 젊다면 틀릴까 봐 겁낼 필요 없다. 틀리면 다시 하면 되니 첫발에 명중하지 못할까 봐 겁내지 말자. 총알이 많을 때, 손을 쓸 수 있을 때 시도하고 시작하자.

나약함

수동적인 사람은 승자가 될 수 없다.

나약한 사람은 보통 다른 사람의 눈을 똑바로 보지 못한다고 한다. 이들은 문제를 맞닥뜨렸을 때 그 나약함이 더 드러나는데, 대개 숨거나 못 본 척하거나 그것도 어려우면 다른 사람의 반응을 따라간다.

문제는 상대의 눈길은 피할 수 있지만 날아오는 주먹은 피할 수 없다는 것이다. 회피하고 질질 끌다가 적이 문을 쾅쾅 두드려야 무기를 드는 수동적인 사람은 승자가 될 수 없다.

077

빚

시간을 끄는 것은 그만큼 빚을 지는 것이다.

시간을 끄는 것은 그만큼 빚을 지는 것과 같다. 돈이 가장 많을 때 돈을 갚을 수 없다면, 체력이 가장 왕성할 때 일을 할 수 없다면 평생 빚을 갚지 못하고 끌려다니게 된다.

이 간단하기 그지없는 이치를 모두가 알고 있지만 사람들은 실천에 옮기지 않는다.

너무나 당연한 이야기지만 '지각 인생'은 '미루는 습관' 때문이다.

책임제

야근을 해야 일을 잘하는 것일까?

한 사장이 나에게 말했다.

"야근이 성실함을 대변한다는 분위기는 바뀌어야 합니다. 우리 회사는 업무 책임제를 운용하고 있습니다. 오후 3시에 퇴근하는 사람과 야근을 해도 업무를 다 끝내지 못하는 사람 중 누가 더 대단할까요?"

항상 야근하는 사람은 낮에 업무에 집중하지 않고 시간을 때우다가 야근을 하는 것은 아닌지 자신을 되돌아봐야 한다. 사장도 바빠 보이는 직원이 진짜 바쁜지 무능한지 관찰해야 한다.

몇 번 쏘았다고 쉽게 뜨거워지는 총대로는 큰 적을 막을 수 없다.

079

회의

직장에서 회의를 너무 자주 한다면 무엇을 위한 회의인지 생각해봐야 한다.

어떤 회의는 결과를 도출해도 질질 끌며 이행하지 않거나 다음 회의에서 다시 논의하자며 결정을 미루기도 한다. 이런 회의는 좋게 생각하면 심사숙고하여 여러 사람의 의견을 수렴하는 것처럼 볼 수 있겠지만, 부정적으로 말하면 그저 회의를 핑계로 시간을 끌거나 문제를 회피하는 것이다. 리더가 회의를 주도하고 책임은 다른 모든 사람에게 넘겨지며, 회의가 끝나면 사람들은 피곤하다! 생산적인 것 같지만 실제로는 아무런 결정이 내려지지 않았다.

장시간 회의를 해도 결정되는 것이 없거나 실행으로 옮기지 못하는 회의라면 '자기 만족형 회의'라고 말하는 것이 낫겠다.

시간 존중

타인 존중은 그 사람의 시간을 존중하는 것이다.

항상 시간이 부족한 사람이 있다. 전화를 걸면 언제나 다급하게 받고, 업무를 하나 부탁하면 매우 조급해 보인다. 그런데 그런 사람이 휴대전화로 게임을 하거나 전화로 끝없이 수다를 떨고 심지어 길에서 아는 사람을 만났다며 한참 이야기를 나눈다. 그는 진짜 시간이 없는 사람일까? 입버릇처럼 시간이 없다며 불안해하는 모습을 보면 그의 아주 짧은 시간도 빌리기 어려울 것 같다. 그러다가도 또 시간을 효율적으로 활용하지 않는 모습을 보면 억울한 기분마저 든다. 자신의 시간을 관리하지 않으면서 늘 바쁜 티를 내는 사람은 타인의 시간을 존중하지 않는 것과 같다고 할 수 있다.

081

약속 시간

시간 약속을 지키는 것은 기본 중의 기본이다.

한 기업의 대표가 최근에 신입사원을 뽑게 되었는데, 면접자 중에는 제 시간에 오지 못하고 늦게 오는 경우도 있었다고 한다. 그는 면접자가 좀 늦어질 것 같다고 미리 연락을 한 사람은 면접 시간에 15분 정도 늦게 오더라도 면접을 볼 수 있게 하였다. 하지만 면접 시간에 늦었는데도 불구하고 미리 연락을 취하지 않은 지원자는, 면접장에 도착해도 만나주지 않았다.

내가 그 사람이 만약 자네 기업에 꼭 필요한 인재면 어떡하냐고 묻자, 그 대표가 말했다.

"농구 경기에서 슛 정확도는 높지만, 드리블이나 리시브를 못한다면 무슨 소용이 있겠습니까? 상호 작용과 호흡이 매우 중요한 사회에서 자신의 시간을 관리하지 못하고 다른 사람의 시간을 존중하지 않는 사람이 진짜 성공하는 경우는 보지 못했습니다."

082

시간 효율

성공은 시간의 효율적인 활용과 관계있다.

시간은 누구에게나 공평하게 주어진다. 이 시간을 어떻게 관리하고 활용하는지가 그 사람의 성공을 좌우한다.

사무실을 둘러보면 시간을 아주 잘 활용하는 사람들은 자신의 일을 착착 수행한다. 커피를 마시며 메일을 확인하고, 화장실에 들렀다가 자료를 보내고, 다른 동료와 업무 이야기를 나누며 점심을 먹으러 나간다. 한편 시간을 잘 활용하지 못하는 사람은 여기저기 정신없이 뛰어다니지만 목적이나 결과 없이 바쁘기만 하다.

인생을 대하는 태도

박수갈채에 도취되지 말고 다음 일을 도모하라.

어떤 일이 막 성공했을 때 그다음 일을 재빨리 계획하고 완수해야 성공의 효율이 높아진다. 많은 사람이 거머쥔 성공이 금세 사라지는 이유는 눈앞의 박수갈채에 너무 도취되었기 때문이다.

량스추* 선생이 인생에 대한 적극적인 태도에 관해 이야기한 적이 있다.

"어떠한 일이 마무리 되어갈 즈음에 다음 일을 시작해야 한다. 그것이 바로 인생이다."

---

* 梁實秋, 중국 현대 작가.

084

이유없이 바쁜 사람들

특별한 일도 없으면서 서두르는 것이야말로

현대인이 가지고 있는 고질병 중 하나가 아닐까?

한 친구가 지하철을 타러 갔다. 그런데 지하철이 출발하려 하자 계단을 급히 뛰어 내려가다 넘어져서 병원에 입원했다. 친구에게 무슨 급한 일이 있었냐고 물었더니 아무 일도 없었다고 했다. 그 열차를 놓치면 다음 열차는 한참을 기다려야 하냐고 물었더니 2, 3분 더 기다려야 한다고 했다. 그럼 왜 그리 서둘렀냐고 물었더니 모르겠다고 대답했다.

특별한 일도 없으면서 서두르는 것이야말로 현대인이 가지고 있는 고질병 중 하나가 아닐까. 전쟁은 평화를 위해서고 일은 쉼을 위해서라는 것을 잊지 말자.

앞이 캄캄할 때

눈앞의 길을 주시하고 꿈을 향해 나아가라.

큰 시련을 맞이했을 때, 지위와 명예를 잃었을 때는 주변 사람들을 찾을 필요가 없다. 그들의 눈에 담긴 비웃음은 자신에게 더 큰 상처가 될 뿐이다. 내가 넘어져 있을 때 우르르 몰려와 나에게 더 큰 고통을 주려고 기회를 엿볼지도 모른다.

눈앞의 길을 주시하고 꿈을 향해 용감하게 앞으로 나아가기만 하면 된다. 그러다 보면 조금씩, 나를 비난하는 사람들은 내 뒤로 뒤처지게 된다. 높은 곳에 올라 그들을 내려다보면 나를 경멸하던 눈빛이 점차 존경의 눈빛으로 바뀌게 될 것이다.

086

첫 음

어떤 일을 하든 '첫 음'은 매우 신중해야 한다.

목청이 아무리 좋아도 첫 음을 제대로 잡지 않으면 중간에 노래를 망칠 수도 있다.

어떤 일을 하든 '첫 음'은 매우 신중하게 시작해야 한다. 구직할 때 연봉은 얼마를 요구해야 할까? 출판 계약을 할 때 인세는 얼마를 요구해야 할까? 비즈니스 협상 때 마지노선은 무엇인가? 친구와 동업할 때 이익은 어떻게 나눠야 할까?

'첫 음'이 너무 높으면 아무것도 얻지 못하고 길이 막힐 수도 있다. 그러므로 스스로에 대해 잘 알아야 한다. 인내심이 자신의 가치를 결정한다.

기세

꺾이지 않는 마음으로

큰 돌이든 작은 돌이든 직접 밟고 건너 가야 안정적이고, 둔한 말이든 늙은 말이든 타고 있어야 높아 보이는 법이다.

안정과 높은 위치는 기세(氣勢)를 만들고, 기세가 있으면 계획을 달성하기에 유리하다.

꺾이지 않는 마음으로 나아갈 때 꿈을 이룰 수 있다.

088

변화

안정 속에서 변화를 도모하고,
변화 속에서 안정을 꿈꾼다.

평온함에 안주하는 사람은 발전하기 어렵지만, 변화에 몰두하는 사람은 상처를 입기 쉽다.

비상사태에 큰 실수를 저지르면 누구의 책임인지 탓하기 전에 문제 해결에 집중해야 한다. 대응이 먼저다.

사소한 일은 신중하게 처리하고 큰 문제는 예삿일로 여겨 행하고, 안정 속에서 변화를 도모하고, 변화 속에서 안정을 꿈꿔야 한다.

젊음의 유통기한

젊음이라는 밑천은 쓰지 않으면 그대로 사라진다.

'젊음이 밑천'이란 말을 들어봤을 거다.

그 밑천을 어떻게 이용하고 투자할지 생각해보았는가?

장기적 또는 단기적 계획이 있는가?

소자본으로 큰돈을 벌 수 있는가?

대출금을 이용해 자신의 이상을 실현하고자 노력한 적
이 있는가?

젊음의 추억과 창의성을 부여잡고 언제나 '잔액'을 확인
하는가?

젊음의 밑천은 진짜 돈과 달라서 쓰지 않으면 그대로 사
라진다. 어서 젊음의 '유통기한'을 부여잡자!

090

할 일

일이 없을 때는 자발적으로 업무를 개발하자.

좋은 사장은 비수기에도 직원들에게 일거리를 만들어 나눠준다. 그래야 직원들이 일이 없어서 일자리를 잃을까 봐 불안해하지 않기 때문이다.

좋은 직원은 자신의 할 일을 인지하고 일이 없으면 적극적으로 아이디어를 내고 새로운 업무를 개발하여 자기 몸값을 한다.

똑똑한 사람은 일자리를 잃어도 허송세월하지 않고 자기 계발을 꾸준히 하고 언제나 취업 시장에 뛰어들 준비를 한다.

이런 사람들은 불경기가 찾아와도 돌파구를 마련한다. 그들은 우두커니 앉아서 몰락을 기다리지 않는다.

숨이 끊어지지 않도록

창업은 보통 '시체 더미'에서 시작된다.

성공한 창업은 보통 '시체 더미'에서 시작된다. '망자'들은 적이 아니라 전우다. 모두 함께 창조하고 함께 고군분투하였지만 안타깝게도 구조되지 못하고 쓰러졌다. 숨이 끊어지지 않은 한두 명이 버티고 버둥거리며 일어나 '시체가 산처럼 쌓인 들판'의 최고점에 선다. 사람들은 그런 그를 발견하고, 놀라워하고, 감탄하고, 박수를 보낸다.

성공하고 싶은가? 우선 과감히 혁신하고 외로움을 견디며 끝까지 밀어붙이고 숨이 끊어지지 않도록 버텨야 한다!

092

천리마

천리마를 만들고, 천 리를 달릴 수 있다고 믿어야
한다.

백락(伯樂)*이 있어야 천리마가 있을까, 아니면 천리마가 있어야 백락이 있을 수 있을까? 천리마가 없어도 당연히 백락이 있다. 다만 백락은 백락으로 인정되지 못한다. 백락이 없어도 천리마가 있지만 천 리를 달리지 못한다면 천리마라고 부를 수 없다.

모두 평범함 속에서 특별함을 찾는 백락 같은 사람이 되길 바란다. 그리고 우리 모두 천리마를 만들어야 한다. 자신이 천리마를 타고 천 리를 달릴 수 있는 사람이라고 믿어야 한다!

* 伯樂, 중국 춘추시대 진나라 진목공의 신하로 말을 감정하는 일을 맡았다. 설에 의하면 천리마가 소금 수레를 끌고 태행산(太行山)을 오르다가 그를 보고 크게 울자 백락이 수레에서 내려 눈물을 흘렸다. 이에 말이 땅을 내려다보며 한숨을 쉬다가 하늘을 보며 울었는데, 그 소리가 하늘 끝까지 퍼졌다고 한다.

093

한 번 울면 깜짝 놀라게 하는 새처럼

한 번 시작하면 모두를 놀라게 할 성과를 보여줘야 한다.

적절한 시기에 자신을 드러내고 좋은 인상을 주고 싶다면 평소에 꾸준히 자기계발을 해야 한다. 어떠한 공부도 헛된 것은 없다. 배움이 끝난 후 배운 것을 기억에서 지워버린다면 소중한 시간을 낭비한 것이다.

힘을 모았다가 때가 되면 진격하고, 웅크리고 있다가 때가 되면 한껏 날아야 한다. 평소엔 조용해도 한 번 시작하면 모두를 놀라게 할 성과를 보여줘야 한다.

진보

자신의 재능을 받아들이면 즐겁고

자신의 재능을 받아들이지 않으면 진보한다.

자신의 재능을 받아들이면 즐겁고 자신의 재능을 받아들이지 않으면 진보한다.

저녁에 자신을 안아주고 아침에는 자신을 밀어주자.

저녁에는 '오늘 최선을 다했으니 득실은 그만 따지고 편안하게 자자!'라고 자신을 다독여주자.

아침에는 자신을 밀어주며 '새로운 하루가 시작됐어, 파이팅! 내가 할 수 있다는 걸 믿어!'라고 말하자.

095

반등

힘내자, 인생의 새로운 페이지를 위하여!

구기 시합은 전반전과 후반전으로 나뉘니 참 좋다. 전반전에 석패했어도 다음 라운드에서 이기면 무승부다. 그다음 경기에서 또 이기면 승자가 된다. 라운드를 나누고 위치를 바꾸니 선수들은 마음가짐을 다잡고 실수를 반성하고 다시 도전할 수 있다. 오늘 한 라운드가 끝나면 내일 새로운 라운드가 시작된다. 반등은 바로 지금부터다.

힘내자, 인생의 새로운 페이지를 위하여!

역자 후기

언제부터인지 편의점은 길거리 곳곳에서 흔히 볼 수 있는 장소이자 삶의 일부가 되었다. 길을 가다 필요한 물건이 생기면 혹은 허기를 느낄 때 근처의 편의점에 들어가 원하는 것을 집어 들면 문제가 해결된다. 저자 류융(刘墉)은 일상생활에서 편의점이 필요한 것처럼 간혹 마음의 허기를 느끼는 우리의 인생도 편의점이 필요하다고 생각한 것 같다.

마치 어록집과 같이 약 200개의 단편으로 구성된 〈인생 편의점〉은 따뜻하고 소소한 삶의 이야기, 처세에 관한 영감, 고민해볼 만한 사회적 문제들을 다룬다. 목적 없이 가고 있다는 생각에 막막한 기분이 들 때, 길을 가다가도 지치고 허기가 져서 무언가를 채우고 싶지만 또 무엇으로 채워야 할지 모를 때가 있다. 그럴 때면 따뜻하고 정갈한 〈인생 편의점〉을 펼쳐보자. 그 안에는 막막한 우리의 인생에 답을 주고 어쩌면 나에게 꼭 필요했던 '상품'이 진열되어 있다. 〈인생 편의점〉은 삶을 생활 코너와 직장 코너로 나누고 '자기계발 영양제', '연애와 결혼 젤리', '가정 잡화', '사회생활 조미료', '사유의 랜덤 박스', '대인관계 통조림', '감정 공구', '실천 음료'의 진열대 여덟 개를 설치했다.

우리의 삶에서 중요한 부분을 차지하는 이 영역들이 각각의 진열대를 맡아 소소하지만 의미 있는 이야기와 함께 생각해볼 만한 가치를 전달하고 마음을 위로해준다. 〈인생 편의점〉 안의 '상품'은 저마다 길이, 형태가 다르지만 문득 찾아오는 방황, 불안, 고민을 해결하는데 도움이 되는 적절하고 진정한 충고와 위로를 건넨다. 힘들고 지칠 때, 방향을 잃은 것 같은 기분이 들 때 나만의 공간에서 처음부터, 아니면 원하는 코너와 진열대를 선택해 읽어보자. 화려한 수식어와 미사여구는 없을지 몰라도 내 마음을 읽어주고 불안한 나의 마음을 위로해준다.

〈살아간다는 것 경쟁한다는 것〉으로 한국 독자를 만난 적이 있는 저자 류융은 중화권에서 영향력 있는 작가이자 베스트셀러 작가다. 류융은 어린 시절 빈곤한 환경에서 성장했지만 좌절하기보다는 목표를 세우고 단단하게 한 걸음씩 앞으로 나아가는 삶을 살아왔다. 그의 그런 삶의 행보와 가치관이 반영된 그의 처세에 관한 글과 따뜻한 온기가 담긴 자기계발 에세이는 오랜 시간 사랑받았으며 '청소년과 마음을 소통하는 작가'라고 평가받는다.

이 책을 번역하는 동안 마음이 평온해지고 여유가 생기는 치유를 받은 것 같았다. 단순히 저자의 글을 우리말로 바꾸는 수준 이상으로, 아버지 세대의 어른과 편안하게 대화를 주고받는데 그 대화 속에서 마음에 새길만한 소중한 가치를 찾은 기분이었고 내가 느낀 그런 마음을 전달하기 위해 노력하며 번역했다. 그리고 가까이 있는 가족, 친구에게, 그리고 나의 현재와 미래에 대한 마음가짐이 달라지는 것을 느꼈다. 그러기에 〈인생 편의점〉을 만나는 독자도 짤막한 글에 녹아있는 위트와 가치에 공감하고 영감과 충고를 통해 삶을 바라보는 시각이 달라지고 마음이 조금 더 편안해지길 바란다.

삶에 대한 고민에 빠져있다면 〈인생 편의점〉에서 필요한 물건을 찾길 바란다. 가볍고 편안한 마음으로 이 책을 시작했다가도 필요한 답을 찾고 영감을 얻어 더 넓은 세상을 만날 수 있으면 좋겠다. 치유의 힘이 있는 〈인생 편의점〉이 인생의 길을 걷는 여러분에게 필요한 용기와 힘을 불어넣어 주길 바란다.

저자 **류융(刘墉)**

작가, 화가, 교육가다. 본적은 저장(浙江) 린안(臨安)이지만 타이베이(臺北)에서 출생하였다. 중국어와 영어 문학 작품 100여 권을 출간하였고, 희망 초등학교 40곳을 지었다.

류융의 책은 세계 각지의 독자들에게 널리 읽히고 있다. 대표적인 저서로는 〈형창소어(螢窗小語)〉, 〈말의 매력(说話的魅力)〉, 〈나는 거짓을 가르치지 않았다(我不是教你詐)〉, 〈류융의 청춘 수련 가이드(劉墉青春修煉手冊)〉 시리즈 등이 있다.

역자 **권소현**

중앙대학교 국제대학원 한중 전문통번역학과를 졸업 후 현대자동차 통번역사로 근무했다. 현재는 정부기관 및 다수 기업의 통번역 전문가로 활동하고 있으며 번역 에이전시 엔터스코리아에서 출판기획 및 중국어 전문 번역가로 활동하고 있다.

인생편의점

초판 2023년 8월 25일
지은이 류융 l 역자 권소현 l 발행인 이기선 l 발행처 제이플러스
주소 서울시 마포구 월드컵로 31길 62
영업부 02-332-8320 l 편집부 02-3142-2520
홈페이지 www.jplus114.com
등록번호 제 10-1680호 l 등록일자 1998년 12월 9일

ISBN 979-11-5601-228-3

* 파본은 구입하신 서점이나 본사에서 바꾸어 드립니다.
* 책에 대한 의견, 출판 희망 도서가 있으시면 홈페이지에 글을 남겨 주세요.